KB219925

펜화로 읽는 사찰 1

벽화로 읽는 사찰 ❶

2023년 11월 30일　초판 1쇄 발행

지은이　度法 김유식
펴낸이　이규만
디자인　B&D
펴낸곳　불교시대사

출판등록　1991년 3월 20일 제300-1991-27호
주소　(우)03149 서울시 종로구 인사동 7길 12 백상빌딩 1305호
전화　02 · 730 · 2500
팩스　02 · 723 · 5961
이메일　kyoon1003@hanmail.net

ISBN 978-89-8002-184-0　04220
978-89-8002-183-3　04220 (세트)

펜화로 읽는 사찰 1

글 · 그림 펜화가 度泫 김유식

아는만큼 보이는 사찰 펜화기행

불교시대사
1% 나눔의 기쁨

추 천 사

전국 각지의 사찰을 탐방, 문화재의 역사를 고찰하고 부처님의 세계를 그림으로 표현하는 김유식 작가는 조계종 불교 달력 공모전 수상과 그로 인하여 제작된 달력을 통해 이미 펜화 실력을 검증받은 바 있습니다. 불교신문 전 편집국장, 여태동 기자의 추천을 받아 "펜화로 찾아가는 사찰기행" 연재를 한다는 말을 들었고, 부처님 법으로 인연이 되어 본인이 남양주 수락산 흥국사 주지로 재임 시절 흥국사를 그린 작품을 기증받게 되었는데, 여 기자가 이 책자를 출판하도록 백방으로 노력했다니 다시 한번 감사의 말을 전합니다.

작가가 사찰 펜화를 그리면서 불교에 대한 공부가 부족하여 열심히 공부하고 있다고 해서 용맹정진하라는 의미로 불명을 도현(度泫)으로 지어 주고 대한불교조계종 산하 25교구를 전부 탐방해 보라고 조언하였는데 한참을 지나 살펴보니 작품마다 불심이 넘쳐나는 것을 보고 흐뭇했습니다. 멀리 해남의 미황사, 남원의 실상사, 지리산 천은사, 하동 칠불사 등 먼 거리를 마다 않고 취재를 하는 작가의 노력에 깊은 감명을 받았습니다.

그동안 불심으로 한 획 한 획 그으면서 작품으로 승화한 펜화와 기행문을 엮어 책으로 출판한다 하니 예술작품을 통한 불교 홍보이기도 하고 또 하나의 큰 불사라고 생각합니다. 그동안 작가의 노력을 치하하며 '펜화로 읽는 사찰' 이 그동안 볼 수 없었던 새로운 책으로 세상에 선보이게 된 것을 다시 한번 축하합니다. 이 책이 불자뿐 아니라 비불자 독자들에게도 불교문화와 역사, 멋진 펜화를 접하는 계기가 되었으면 하는 바람입니다.

불기 2567년 10월

포천 동화사 회주 화암 합장

'펜화로 읽는 사찰'을 준비하면서…….

어린 시절의 기억을 떠올려보면, 할아버님과 아버님까지 모두 불자이셔서 집에 백의관음도가 모셔져 있었는데 그걸 따라 그려본 것이 불교에서 말하는 '인연이 닿았다'는 것이 아니었을까. 서양화가로서 여행하며 전국 방방곡곡의 풍경 그리는 것을 즐기다보니 스케치에 담을 만한 자연 풍광을 가득 품고 있는 유명사찰을 갈때면 항상 무언가에 끌리는 것은 어쩔 수 없었다.

그러다 우연한 기회에 펜화를 시작한 후, 이전부터 느꼈던 사찰의 매력을 펜화로 담아 보고자 한 것이 필자를 사찰 펜화가의 길로 이끈 계기가 되었다. 2021년 초 조계종에서 제1회 불교 달력 공모전을 개최한다는 소식을 듣고 작품 12점을 제출해야 하는 도전을 시작했다. 코로나가 한창일 때라 두문불출하며 작품 작업에 매진한 결과 운 좋게도 공모전에서 금상을 수상하고 필자의 그림이 실린 달력을 선보일 수 있었다.

인연이 닿으면 계속 이어진다고 했던가. 불교 신문사에서 신문지면 상에 사찰 펜화를 기행문과 같이 실어보자는 제안을 담은 연락이 왔고, 그리하여 2022년 1월부터 "김유식의 펜화로 찾아가는 사찰 기행"이라는 제목으로 연재를 하게 되었다. 이미 작업해 놓은 작품은 20점 정도가 있었기에 호기롭게 대답했지만, 막상 시작하니 한 달에 두 번씩 기사가 나가고 작품도 두 점씩 실려야 하니 연재 마감에 쫓기는 상황도 발생했다. 게다가 "잘 알려진 교구 본사 사찰보다는 말사 위주의 기행을 통해 숨어있는 이야기를 전해 보자"는 편집부 측의 의견도 반영하여 새로운 작품을 그리는 작업도 병행하다보니 밤을 새는 일이 부지기수였다.

원고를 쓰면서 느꼈던 불교 관련 지식의 부족을 해결하기 위해, 유튜브 등 각종 매체의 사찰 소개 영상은 물론 불경 공부 등도 미력하나마 꾸준히 하다 보니 글쓰기가 조금은 수월해졌고, 여태동 전 편집국장의 도움도 원고 작업에 큰 도움이 되었다. 직접 발품을 팔아 스님들께 궁금한 것을 물어가며 취재하고 사찰 곳곳에 담겨있는 의미를 발견하는 것도 새로운 경험이었다.

기행문 연재 기획이 끝난 후에도 꾸준히 작업한 작품과 글을 모아 함께 출판하기로 결심했지만, 지면상의 제약으로 신문에 연재된 사찰들을 위주로 일부 사찰을 추가로 선정하여 펴내게 된 것이 못내 아쉬울 따름이다. 이 책자에 실린 펜화들은 상당히 오랜 시간 불심을 담아 몰입하여 작업해야 하는 고된 과정의 연속으로 만들어진 것이다. 작품 한점에 대략 십만 번의 획 그 이상이 그어지는 과정을 통해 만들어지기에, 하나하나에 애정이 담긴 70점의 작품들을 많은 독자에게 소개할 수 있다는 것만으로도 큰 기쁨이 아닐 수 없다. 아울러 불자가 아닌 독자들도 이 책자를 통해 불교문화를 접하는 계기가 되었으면 하는 것이 작은 바람이다.

이 책에는 신지 못했지만 추가로 그려낸 사찰 펜화 작품들은, 2권에 책으로 선보이고, 추후 개인전에서도 사찰 펜화 작품만을 별도로 전시할 예정이다.

흥국사를 펜화로 그리며 인연을 맺은 후, 필자에게 '도현(度泫)'이란 불명(佛名)을 직접 지어주시고 격려와 조언을 아끼지 않으신 대한불교 조계종 염불교육지도위원장 화암 스님께는 지면을 통해 다시 한번 깊은 감사를 드린다. 또한 기행문 원고를

쓰던 도중 '칠불사 만만전' 참가를 권유해주시고 멀리 하동 칠불사까지 가서 아자방 1박 체험까지 할 수 있는 기회를 제공해주신 '한얼우리그림협회' 손유경 회장님께도 이 자리를 빌려 깊은 감사의 말을 전한다.

취재할 사찰을 선정하는 데 조언을 아끼지 않은 불자이자 친구인 남정한 대표, 불심이 깊어 불교 교리에 대한 해설을 도와준 박지안 작가, 교정에 도움을 준 아들 민성 군과 출판에 도움을 주신 불교시대사 이규만 대표님, 그 외 이 책을 출판하기까지 도와주신 모든 분께 심심한 감사의 말을 전한다.

2023년 뜨거운 여름
度法 김유식 합장

차례

1부 말사(末寺)기행

2부 삼보사찰(三寶寺刹) 기행

1부

말사(末寺) 기행

1편

파주 고령산 보광사

▲ 보광사 대웅보전이 보이는 풍경, Pen drawing on paper, 74×45cm 천년 고찰 보광사는 대웅보전의 건축미가 대단하고 목판 벽화가 돋보인다. 뒤로 전나무 숲에서 향기가 묻어 나오는 사찰의 풍광을 20호 크기의 종이에 펜으로 작업하였다.

향나무와 전나무 향기 그윽한 여름에 찾은 보광사. "펜화로 읽는 사찰" 기행의 시작은 서울에서 가까운 곳부터 답사하는 것으로 정했다. 유명사찰에만 집중하다 보니 서울에서 가깝지만 가본 적은 없던 곳을 검색하니 파주 보광사가 눈에 띄었다. 제일 먼저 선정한 고찰이니만큼 가족도 응원 차 따라나섰다. 파주시 광탄면 고령산 자락에 자리 잡은 천년고찰 보광사는 남양주 봉선사의 말사로, 잘 정돈된 가람 속에 역사의 숨결이 서린 많은 문화재들을 품은 곳이었다. 사찰 전경을 펜으로 담은 작품의 마무리를 위해 겨울에 다시 찾았을 때에도 목조 건축물이 주는 특유의 멋에 또 한 번 매료되었다.

이 사찰은 신라시대 도선 국사가 창건하여 임진왜란 때 소실된 후, 조선 인조 때 재건하여 영조 재위기에 중창한 전각들이 일제강점기와 한국전쟁을 거치면서도 별다른 피해 없이 본 모습을 유지하고 있어 그 당시의 건축 양식을 잘 살펴볼 수 있는 사찰이다. 다른 대부분의 사찰들은 왜란 때 피해를 입은 후 중건되었다가 다시 한국전쟁을 거치며 소실된 경우가 많기 때문이다.

수도권 제1순환도로에서 나와 벽제 가는 길에서 좌회전하여 산 하나를 넘으면 보광사 입구 안내표지가 나오고 뒤이어 넓은 주차장이 나온다. 입구에서부터 펼쳐지는 계곡의 수려함은 찾는 이를 매료시키면서 마음을 편안하게 해준다. 주차장에서 바로 보이는 문은 '해탈문'으로 여기를 통과하면서 일상의 번뇌와 속박을 마음속에서부터 던져 버리라는 뜻이리라.

조금만 더 걸어 올라가면 드러나는 사찰 전경이 눈앞에 시원하게 펼쳐진다. 전나무들이 푸르름을 뽐내는 길을 따라가다 우측의 계단으로 오르면 '불이문'이 나오고, 이를 지나면 바로 대웅보전 앞마당을 마주하게 된다. 절의 초입에서 보이는 요사채와 응진전, 산신각, 삼층석탑 그리고 대웅보전, 지장전, 관음전까지 한 눈에 담을 수 있는 위치가 마음에 들었다. "여기가 보광사를 상징하는 짜임새 있는 배치다"라는 생각에 이곳에서 펜화의 포인트를 잡았다. 대웅보전 뒤편 멀리 숲이 보인다. 곧고 웅장하게 솟은 전나무들이 뿜어내는 피톤치드 향이 내가 서 있는 이곳까지 전해져 폐를 맑게 정화해 주고 있었다.

다시 대웅보전으로 시선을 옮긴다. 목조건축의 우아함과 고색창연한 단청과 공포 조각들이 예스러움을 더한다. 대웅보전이라는 편액은 영조대왕이 직접 쓰신 어필이라고 하니 왕실의 지대한 보살핌을 받았음도 알 수 있었다. 대웅전 법당 안에는 석가모니불, 약사여래, 아미타 부처님 등 삼존불과 문수보살과 보현보살이 모셔져 있다. 게다가 대웅보전의 좌우 뒤에는 목판에 10점의 벽화를 그려 놓았는데, 코끼리와 문수동자, 용선인접도, 괴석도, 대호도, 위태천도, 금강역사도, 백의관음도, 기상동자도 등 여러 가지 이야기들을 담아낸 낡은 벽화들을 그려낸 솜씨가 신묘하기 그지없다.

절 마당의 오른편에는 숭정7년명동종(崇禎七年銘銅鐘)을 보관하고 있는 작은 종각이 보이는데 수리를 위한 보강목을 대어 놓은 것이 미관상 아쉬울 따름이다. 종각 옆에는 영조 재위 시절 중수한 '만세루'가 자리하고 있는데 한옥의 건축미가 상당히 수려하다.

무엇보다 눈길을 끄는 것은 대형 목어인데, 통상 목어란 것은 종각에 달려 있지만 이 절의 경우는 만세루 처마에 그것이 달려 있어 이채롭다. 크기도 어마어마해서 무려 3미터에 달한다. 이제까지 본 목어 중 원목의 질감이 가장 잘 살아있는 미적으로 훌륭한 작품이라 생각되어 그려보기로 했다.

관음전 뒤편에 이 절이 왜 조선왕조의 원찰인지를 알게 해주는 작은 전각이 있는데, 바로 드라마 '동이'의 주인공이자 실제 인물이라고 알려져 있는 숙빈 최씨, 즉 영조대왕의 모친의 위패를 모신 '어실각'이다. 그 앞을 우직하게 지키는 향나무는

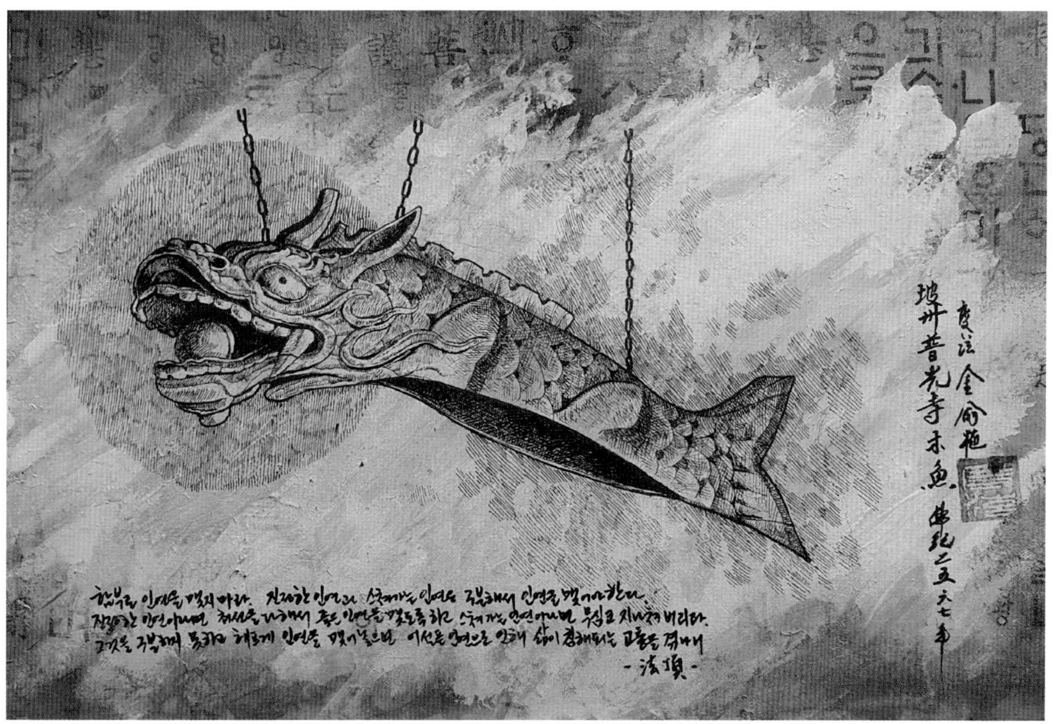

▲ 보광사 목어, Pen drawing on 한지, 34×21cm 보광사의 자랑은 3미터 크기의 대형 목어인데, 다른 곳들로도 순회전시를 할 만큼 훌륭한 예술품이다. 한지에 금분을 칠하고 아크릴로 부분 채색 후 펜으로 작업하였다..

◀ 보광사 석조대불의 미소, Pen drawing on paper, 38×28cm 보광사의 뒤쪽 언덕에 조성된 12미터 높이의 자비로운 모습의 대형 석조 석가모니불 입상으로 염색한지에 펜으로 작업하였다.

영조대왕이 심은 것으로 알려져 있는데, 그의 지극한 효심을 나타내듯 긴 세월 버티고 서 있어 보는 이로 하여금 부모에 대한 효란 무엇인가를 반추하게 만든다. 명부전과 무영탑을 지나 금강역사가 그려진 금강문으로 나가면 부속 암자로 가는 길이 있다.

사찰 뒤편으로 나있는 전나무 숲길에는 많은 방문객들이 앉아서 쉴 수 있는 나무 벤치가 있다. 벤치에 앉아 길의 끝, 언덕 높은 곳을 바라보니 12.5m 높이의 웅장한 석조대불이 서 있다. 이 대불에는『법화경』과 진신사리가 봉안되어 있다고 한다.

온화한 미소를 짓는 석불 앞에는 많은 신도들이 기도하는 모습이 보이고, 그 앞에는 나무들이 번뇌를 털어내듯 잎을 떨어뜨리고 휴식을 취하고 있다. 언덕에서 아래를 바라보면 사찰 공양간의 장독대가 정겹게 느껴진다. 절의 우측에 별관처럼 지어진 황금색 단청의 '영각전'은 영가들의 쉼터다. 화려한 문살 너머 돌아가신 이들의 극락왕생을 기원하는 수많은 사람들의 간절한 모습들이 눈에 띈다.

아들과 같이 석불전에서 소원을 빌고 내려오다가 다시 고개를 들어 바라본 대불의 온화한 모습을 한지에 펜으로 담아본다. 그 미소가 독자들의 번뇌와 업장을 소멸해주길 기원하면서.

2편

광주 무등산 규봉암

▲ 일주문 설경 53×33cm, Pen drawing on paper Hanji 해발 885m나 되는 무등산의 규봉 광석대가 있는 곳에 세워진 규봉암은 송광사의 말사로 일주문은 출입구에 있는 일원상을 통해 들어가게 되어 있다. 입구에 있는 커다란 돌기둥은 임진왜란 때 김덕령 장군의 전투에 관한 일화가 전해져오는 문바위다. 눈 온 날의 일주문 풍광을 염색한 한지에 펜으로 담았다.

두 번째 기행의 목적지는 서울에서 먼 곳으로 잡아보았다. 빛고을 광주의 무등산, 광석대 주상절리 아래에서 솟아나는 물이 마르지 않는 곳. 예부터 좋은 터라 일컬어지는 이 자리에 수행자들이 수도를 할 수 있는 관음기도 도량이 들어서는 것은 필연이었으리라 여겨진다. 이 곳이 바로 규봉암이다.

광주의 상징처럼 여겨지는 남도의 명산 무등산은 옛날 이름이 '무돌뫼'인데 무지개가 나오는 산이란 뜻으로 한자를 차음하여 '무등산(無等山)'이라 부르고 '서석산'이라고도 한다. 산의 정상은 의외로 완만하여 편안한 인상을 주는 곳이다. 무등산은 무등산 옛길로 가는 방법과 꼬막재를 지나 규봉암을 거쳐 서석대로 가는 방법이 있는데 이 길은 잘 모르는 사람들이 많다.

규봉암 가는 길은 화순군 이서면 영평마을에서 출발하여 올라가는 무돌길이 짧게는 1시간 정도만 걸으면 되는 최단코스라고 하여서 영평마을 방면으로 올랐다.

상상수목원 입구에 주차한 후 수목원 좌측으로 난 등산로에 국립공원을 알리는 이정표가 보이는데 그 길을 따라가면 된다. 규봉암까지는 2km 정도인데 줄곧 오르막 계단을 오르는 코스라 사람을 조금 지치게 만든다. 어느 분이 세어 본 결과 목재로 조성한 계단 수가 무려 860개 정도라 하니 쉽지는 않은 탐방이다.

경사가 심하니 반드시 난간을 잡고 조심해서 올라가야 한다. 계단이 끝나갈 즈음

굵직한 바위들이 늘어선 지역에 다다르니 멀리서 예불 소리가 들려온다. 바위들이 늘어선 지역을 지나 한참을 가면 돌계단 위에 높게 지어진 '무등산 규봉암' 이라는 현판이 달린 일주문이 나타난다. 해발 885m, 규봉암에 드디어 도착한 것이다.

일주문의 입구에 있는 커다란 돌기둥은 문바위라고 하는데 임진왜란 때 성리학자이자 팔도 의병 총사령관으로 활약한 김덕령 장군의 전투에 관한 일화가 서린 곳이라 한다. 일주문은 출입구에 있는 일원상을 통해 들어가게 되어 있다. 시작도 없고 끝도 없는 일원의 근본을 찾는 참선의 마음으로 정진하라는 뜻이리라. 이곳의 경치가 예사롭지 않아 눈 온 날의 일주문 풍광을 펜화로 담았다.

규봉암은 대한불교 조계종 승보종찰 송광사의 말사로서 유서 깊은 고찰이다. 신라시대 의상대사가 서석과 규봉을 보고 정사(精舍)를 세운 것이 효시라 하는데 금샘에 물이 마르지 않음을 상서로이 여겨 절을 지었다는 설화가 전해 온다. 보조국사 지눌과 진각국사 혜심, 나옹 혜근화상도 이곳에서 수도하며 득도하였다고 전해지니, 고승들의 수도 도량으로서 한 치의 부족함이 없음을 알 수 있다.

올라오느라 약 2시간 동안 땀을 흘렸으니 이제는 암자로 들어가 본다. 일주문을 통과해 들어서면, 무등산의 입석대, 서석대와 더불어 3대 중 하나인 광석대를 배경으로 암자의 전경이 눈앞에 펼쳐진다. 그 옆으로는 은신대, 삼존석, 설법대, 풍혈대, 송하대 등으로 이름 붙여진 도합 열 개의 주상절리 바위군이 마치 신선과 관세음보살님이 굽어보시듯 사찰 주위를 감싸고 있다. '규봉암을 가보지 않고 무등산을 논하지 말라'는 말을 이제야 이해할 수 있을 것 같다.

그림에서 보듯이 광석대를 배경으로 자리한 관음전의 아름다움에 화려한 단청과 문살도 한 몫하고 있다. 내부로 시선을 옮겨본다. 오른손에는 버들잎을, 왼손에는 정병을 들고 머리에는 화관을 쓴 '양류지수관음보살좌상'이다. 늘 세간의 소리에 귀 기울이고 중생의 발원이 있는 곳이면 기꺼이 구원의 손길을 보내시는 관세음보살께 엎드려 기도를 드려본다. 그 뒤로 후불탱화와, 우측에는 부처님과 네 분의 보살 및 오백 나한을 붉은 바탕 위에 금색으로 그린 오백불화의 장엄함이 눈에 띈다.

▲ 규봉암 전경, 53×38cm, Pen drawing on paper 관음전과 광석대를 배경으로 저멀리 관음상이 보인다. 눈 온 날의 마당에서 바라본 풍광을 커피로 염색한 종이에 펜으로 작업하였다.

밖으로 나와 마당으로 걸음을 옮겨본다. 관음전 전각 왼편에 자리한 삼성각과, 저 멀리 관세음보살상의 좌우로 협시한 남순동자와 해상용왕 조각상들이 너른 하늘을 배경으로 그림처럼 자리하고 있다. 관음전과 그 배경을 이루는 광석대, 삼성각, 관세음보살 입상이 한눈에 보이는 구도가 관음도량의 특징을 잘 나타내고 있다고 보고 펜화로 담아 보았다. 호기심이 발동하여 이왕 온 김에 관음전 뒤편으로 난 길을 따라 광석대까지 힘들게 올라가 본다. 위에서 바라보니 평온한 화순지역의 풍광이 한눈에 들어온다.

무심코 절을 나서며 규봉암 일주문의 주련을 다시 한 번 읽어본다.

입차문래막존지해 (入此門來莫存知解)
이 문에 들어오거든 안다는 것을 버려라

무해공기대도성만 (無解空器大道成滿)
빈 그릇에 큰 도가 가득 차리라

오늘은 주련 글귀가 특별히 마음에 와 닿았다. 문 너머로 들어서게 되면 속세가 아닌 진리의 영역에 들어섬을 나타낸다는 말이니, 부처님의 가르침을 말이나 글에 의하지 않고 바로 마음에서 마음으로 전하여 진리를 깨달아야 한다는 말일 것이다.

봄에 온다면 진달래꽃이 만발해 아름답다고 하고, 가을에는 멋드러진 단풍

이 볼만 하다고 한다. 또한 겨울에는 설경도 즐길 수 있는 참으로 아름다운 곳이니 무릎만 건강하다면 언제든지 다시 오리라 다짐하며 산길을 내려왔다.

3편

남양주 불암산 불암사

▲ 불암사 전경 pen drawing on paper 56× 35cm 남양주에 위치한 불암사는 호국의 얼이 깃든 곳으로 한국 전쟁당시 항전하다가 숨진 불암산 유격대원 10명의 위패도 같이 모셔져 의미가 새롭다.

세 번째 기행은 다시 수도권의 말사를 찾아보는 것으로 방향을 정했다. '부처님의 모습을 닮았다'하여 불암산이란 이명을 가진 천보산 자락에 위치한 불암사는, 화랑로에서 별내신도시 방향으로 가다 육사와 태릉선수촌을 지나 불암사 방면으로 진입하여 올라가면 나타나는 주차장에서 조금만 걸으면 된다. 생각보다 어렵지 않다.

제일 먼저 마주치는 일주문의 현판에는 '천보산 불암사'라 쓰여 있고 들어선 후 뒤를 바라보면 '해탈문'이라 쓰여 있다. 여기서부터는 중생들이 속세를 떠나 해탈하는 장소라는 뜻인가 보다. 등산로를 벗어나 작은 다리를 건너면 만나는 2층 누각인 '제월루'의 1층 벽에는 사천왕상이 그림으로 그려져 있는데, 천왕문의 역할을 겸하는 듯하다. 힘겹게 계단을 올라서면 저 멀리 대웅전이 나타난다. 왼편에는 약사전, 반대편에는 관음전이 자리하고 있다. 땀 흘리고 올라왔으니 목을 축일까 하고 관음전 옆마당에 있는 감로수 수각으로 갔으나 코로나로 이용이 제한되어 있는지라 아쉬움이 남는다.

제월루 입구 쪽에서 보이는 삼층 석탑, 그리고 뒤편의 대웅전, 왼편의 지장전, 우측에 관음전이 있는 듯 없는 듯 슬쩍 보이는 구도가 이 절의 상징적인 모습인 듯하다. 마당의 천진동자불상과 포대 화상이 넉넉한 웃음으로 맞아주고 하늘에는 소원성취를 비는 연등이 걸려있는 모습이 그야말로 부처님의 세계에 와 있는 것을 실감케 하는 장면이라 여겨 이를 파노라마처럼 펜화로 담았다. 그리면서 자세히 보니 불암사 대웅전 편액은 한석봉의 글씨답게 수려하다. 대웅전은 맞배지붕이라 수려함은 없으나 삼층석탑과 석물들이 짜임새가 있게 배치되어 있고 우측 전각의 곡선미가 조화로움을 더한다. 그림의 우측에 박석으로 조성된 마애불 가는 길의 낮은 경사가 찾는 이들에 대한 배려처럼 보인다.

▶ 불암사 5층 석탑 pen drawing on paper 38×28cm 삼존불 뒤쪽에 세워진 탑으로 스리랑카에서 모셔 온 진신사리를 모신 5층 사리탑으로 칼라잉크로 작업하였다.

특이한 점이라면 대웅전에는 국가와 민족을 위해 헌신한 군인 10여명의 위패를 모시고 있다. 한국전쟁 초기 의정부 방면으로 남하하는 적을 맞아 임관을 앞둔 육사 생도들이 불암산 호랑이 유격대라는 이름으로 항전하다 전사한 뜻을 기려 이 절에 위패를 모셨다고 하니 이 도량에 호국의 정신이 깃들었다 하겠다.

관음전 쪽으로 나가는 길을 가보면 칠성각, 산령각, 신통전이라고 쓰인 세 개의 현판이 하나의 전각에 걸린 독특한 모습을 볼 수 있다. 산령각은 다른 사찰에서 볼 수 있는 산신각이고 신통전은 독성각의 다른 이름인데, 보통 산신/칠성/독성 이렇게 셋을 한 전각에 모두 모시면 '삼성각'이라 하는데 따로 현판을 쓴 것이 상당히 이채롭다.

대웅전과 삼성각 사이로 올라가는 길 양옆으로 십이지 석상이 도열해 있어 필자의 지지(地支)에서 잠시 멈춰 소원을 빌어 보았다. 길을 따라 끝까지 올라가면 마애삼존불이 보이는데, 이 마애삼존불은 24년간 주지를 지낸 태정스님이 1973년에 조성한 것이라 한다. 삼존불 중 정면을 바라보는 불상은 아미타불이고 좌우에는 관세음보살상과 대세지보살상이 협시를 이루고 있는데, 문득 조성하던 석공의 불심이 아미타불의 자비로운 미소로 화하여 세상에 환한 광명을 비추는 것 같았다. 바위에 낀 이끼와 담쟁이들이 어울려 하얀 불상과 조화를 이뤄낸 모습은 참 아름답다.

어디선가 선선한 바람이 불어오고 대웅전 마당에 걸려 있는 많은 이들의 소원지가 자비로운 미소 속에서 바람에 날린다. 펜으로 그리면서 정말 이 자리는 불암산의 정기가 들어오는 곳이 아닐까 하는 신비함이 들었다.

마애삼존불상 왼편 계단을 오르면 '진신사리보탑'이라 불리는 5층 석탑이 멋지게 세워져 있다. 태국과 스리랑카에서 진신사리를 모셔와 봉안했다 하니 불암사도 적멸보궁의 모습을 갖추게 된 것이다.

◀ 불암사 마애삼존불상 pen drawing on paper 38×28cm 사찰의 깊숙한 곳의 암벽에 새겨진 마애삼존불상은 아미타불과 관세음보살, 대세지보살이 협시하는 모습이다. 대웅전을 지나 마애불로 가는 길에는 12지신상이 도열해 있다.

불암사는 신라 헌덕왕때 지증대사가 창건하였다 하니 역사가 제법 오래된 천년 고찰이다. 불교를 지원한 조선 세조가 한양 외부 사방에 왕실의 발전을 기원하는 사찰을 하나씩 뽑을 때 서쪽 진관사, 남쪽 삼막사, 북쪽 승가사와 함께 동쪽 사찰로 뽑혀 동불암(東佛巖)이라 불렀다 한다. 비록 천 년 전의 모습이 아니더라도 아기자기하게 잘 정비된 사찰의 모습에서 더 쉬어가고 싶은 마음이 간절하다. 남양주 퇴계원 일대가 저 멀리 내려다보이는 이곳은 진정 속세와 멀어진 부처님의 세상이라. 내려가지 않고 명상하는 시간을 더 가지기로 했다.

불암사를 뒤로하고 암봉을 오르면 암봉 부근에 부속암자 '석천암'이 보인다. 경사가 다소 심한 등산로라 오르기 벅차긴 하지만 암자가 있는 곳은 쌍혈자리로 서울 인근 최고의 명당자리라 한다. 성취가 발복하는데도 별로 세간에 알려지지 않은 암자이니 시험의 합격을 빈다면 발복의 장소인 석천암에 올라 기도하고 공양을 올려 보시길 추천한다.

4편

구례 지리산 천은사

▲ 팔상전과 응진당, 한지에 pen drawing, 74×40cm 극락보전 처마가 보이고 뒤쪽으로 팔상전과 응진당이 보이는 지리산의 천은사 풍경으로 20호 크기의 한지에 펜으로 그렸다.

네 번째 기행의 목적지로는 다시 남쪽 지방을 선정했다. 구례 천은사는 예전에는 교통이 불편하였으나, 요즘은 지리산이라는 명칭에 안 어울리게 사찰로 가는 도로가 잘 정비되어 있고 주차장에서 바로 사찰로 이어지니 가볼만 하다. 천은사는 지리산의 빼어난 산수와 풍광을 품고 있을 뿐 아니라 산세가 가람을 따듯하게 감싸는 좋은 곳에 자리하고 있어, 1박 2일 코스로 참배해 봄직한 곳이다.

주차장에서 바라다 보이는 아치형 교각 위에 지어진 정자는 최근에 방영된 드라마 '미스터 선샤인'의 촬영지라는 안내판이 설치되어 있는 '수홍루'다. 수홍루에서 바라보면 사찰의 전경을 한눈에 볼 수 있는데, 정자가 생각보다 아담하여 그냥 지나칠 수 있으니 주위를 살피며 숨겨진 아름다움을 발견하려는 노력이 다소 필요하다. 수홍루의 사계절은 모두 아름답지만 특히 울긋불긋한 단풍 속에 어우러진 모습이 정말 아름답다. 작은 누각이지만 이런 자연과의 조화를 이룬 아름다움을 창조한 목수에게 경의를 표하면서 호수가 바라보이는 역광이 비치는 장소에서 구도를 잡아 펜으로 담아 보았다.

수홍루를 지나 계단을 올라 천왕문을 통과하면 이윽고 작은 마당이 나온다. 2단으로 쌓은 기단 위에는 법요식을 치르는 보제루와 운고루가 있다. 다시 두 계단을 올라서면 너른 마당 저편에 주 법당인 극락보전이 웅장한 자태를 뽐낸다.

현재 화엄사의 말사인 천은사는 화엄사, 쌍계사와 함께 지리산 3대 사찰로 꼽히는데, 통일신라 흥덕왕 때 인도의 덕운선사가 중국을 통해 들어와 전국 명산을 두루 살핀 후 이곳에 창건하였고, 당시에는 경내에 이슬처럼 맑고 찬 샘이 있어 이름

▲ 천은사 일주문 pen drawing on paper 38×28cm 조선 최고의 명필 이광사가 세로로 쓴 행서체 현판이 돋보이는 천은사 일주문. 샘에 자주 뱀이 나와 죽이니 샘이 마르고 화재가 나자 샘을 숨겼다는 뜻의 泉隱寺라 이름을 바꾸자 평온해졌다는 전설이 있는 곳이다.

을 '감로사'라 하였다고 한다. 안타깝게도 임진왜란 때 화재로 소실되었으나 영조 재위기에 혜암 스님이 다시 세워 오늘날에 이르고 있다고 한다.

그런데 사찰 이름에 관한 재미난 일화가 전한다. 앞서 얘기한 것처럼 영조 재위 시절에 절을 다시 세울 때, 샘에 큰 구렁이가 자꾸 나타나 잡아 죽였더니 샘이 솟아나지 않았다고 한다. 그리하여 샘이 숨었다는 뜻의 천은사라고 바꾸자 갑자기 원인 모를 화재와 재앙이 끊이지 않아, 이후 조선의 명필 중 한 명인 원교 이광사가 '지

리산 천은사'라고 물 흐르는 듯한 서체로 일주문 현판을 써서 걸어주었더니 그 뒤로는 재앙이 그쳤다고 한다. 지금와서 봐도 구렁이가 감응했을 정도의 수려한 글씨라 한참을 감상하게 되는 것 같다.

아름다운 풍경과 조화를 이루는 아담한 크기의 사찰로 현재 경내에 20여 동의 당우들이 자리 잡고 있는데, 마침 이 사찰에서 템플스테이 프로그램도 운영하고 있다고 하니 아예 며칠 묵으며 지리산 공기도 마시고 수행하고 싶은 맘이 들 정도였다.

주 불전이자 법당인 극락보전은 조선시대 후기의 전형적인 건축 양식인 다포양식으로, 처마 곡선을 치켜 올려 만들다 보니 활주(活柱; 보조 기둥)로 처마를 받치고 있어서 전각이 매우 화려하게 느껴진다. 법당 안으로 들어가 본다. 극락정토를 주관하시는 아미타여래와 함께 관음보살과 대세지보살의 삼존불상이 봉안되어 있고 그 뒤편에는 아미타후불탱화가 있는데, 탱화가 보물로 지정되어 있어서 그런지 원본 손상을 방지하고자 대신 모사본을 공개하고 있다. 좌우측에는 각각 신중도와 삼장보살도가 걸려 있는데, 이 역시 모사본이다.

법당을 나와 극락보전의 편액을 바라보니 글씨가 낯이 익다. 역시 이광사의 글씨란다. 한편 극락보전의 주련은 명필 김돈희의 글씨라고 한다. 명필들이 그냥 지나칠 수 없는 사찰이었나 보다. 전각 내부의 단청은 조선 후기 재건 당시의 모습 그대로이나 외부 단청은 세월에 바랬는지 다시 칠한 것 같다.

극락보전 왼쪽으로 가면 기단 위에 지어진 팔상전과 나한을 모신 응진당이 보인다. 극락보전 옆에서 바라봤을 때는 팔상전이 특히 눈에 들어온다. 팔상전에는 협시보살 없이 부처님이 단독으로 모셔져 있고, 부처님의 삶을 표현한 팔상도와 영산회상도가 봉안되어 있다. 정면 3칸의 아담한 건물이고 막돌로 석축 기단을 쌓아 비

▶수홍루 풍경 pen drawing on paper, 54×38cm 이병헌 김태리가 열연한 드라마 미스터 선샤인의 배경이 된 수홍루의 가을 풍경은 매력이 넘치는 장소로 무지개 다리 위에 세워진 누각이다

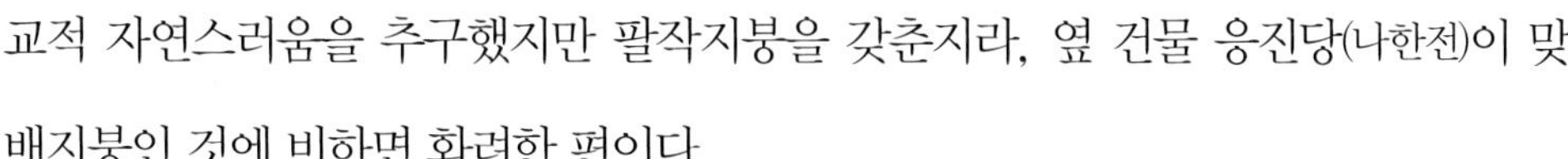

교적 자연스러움을 추구했지만 팔작지붕을 갖춘지라, 옆 건물 응진당(나한전)이 맞배지붕인 것에 비하면 화려한 편이다.

아늑한 나무숲을 배경으로 건축 양식이 다른 두 건물을 나란히 배치하여 단조로움을 극복하고 변화를 준 것이 이채로웠고, 한참을 바라보다 왠지 모를 영감을 받아 펜화로 남겨놓기로 했다. 물론 이 사찰을 대표하는 전각인 극락보전의 모습은 살짝 처마 지붕만이라도 그려 넣기로 하였다.

팔상전 왼편으로는 천수 천안 관세음보살상을 모신 관음전이 보이고, 산으로 올라가는 길옆으로 삼성각이 경내의 가장 높은 곳에 자리하고 있다. 이처럼 천은사의 경우 지형을 활용하여 경내 전각 배치를 계단식으로 구성한 것이 특징적이다. 즉 반대로 삼성각을 지나면 이 계단식 배치 구조 전체를 조망할 수 있게 된다.

경내를 둘러본 후, 호숫가를 따라 나 있는 '상생의 길'이라는 제법 운치 있는 트래킹 코스가 있어 발길을 돌리게 한다. 천은사에 온다면 반드시 둘러보는 것을 추천한다. 코스들의 이름도 나눔길, 보듬길, 누림길이라는 어여쁜 이름이고, 중간에는 고즈넉한 카페가 있어 여유롭게 차 한 잔을 마시며 쉬어갈 수 있었다. 새벽에 천은지에서 피어오르는 물안개가 신비로움을 더해준다는데 볼 기회를 놓친 것이 아쉬울 따름이었다. 기회가 된다면 새벽이슬이 걷힌 후 금강송 숲길을 거닐어보면 좋겠다는 생각에 마음이 미치자, 나를 돌아보는 성찰의 시간을 가질 겸 템플스테이 프로그램을 참여해 꼭 한번 아침 산책을 해보리라 다짐하며 천은사를 뒤로 하였다.

5편

김포 운양산 용화사

▲ 김포 용화사 전경. 54×41cm, Pen drawing on paper. 김포 한강 하류 한강 신도시 가는 길에 있는 용화사는 이름처럼 미륵도량으로 불전에 하얀 미륵불이 현대미술작품처럼 단아한 모습인데 옆쪽에 유일하게 사찰이 운영하는 보리수요양병원이 있는 사찰이다.

다시 수도권 말사를 찾아보기로 한 다섯 번째 기행. 한국 불교 역사상 유일하게 전통 사찰에서 우수한 시설을 갖춘 요양병원을 설립하여, 불자는 물론 일반인들에게도 유명한 '미륵부처님 도량' 김포 용화사다.

운양산 북쪽의 한강변을 따라 한강신도시 방면으로 향하다 멀리 한강 너머로 일산신도시가 바라다보이는 강가로 차를 돌리면, 한강 하구를 바로 내려다보는 위치에 도량이 자리 잡고 있다. 그러나 길 옆 한강은 군사작전지역이라 펜스로 접근이 차단되어 있어, 한강이 지척임에도 마음 놓고 거닐어 볼 수가 없는 것이 못내 아쉽다. 그 와중에 철새들은 자유로이 노니는 모습이 제법 한가롭다.

이 절은 조선 초 1405년에 뱃사람이었던 '정도명'이 창건했다고 전해진다. 설화에 따르면, 정도명은 조세로 거둔 곡물을 싣고 한강을 따라 서울로 향하다 운양산 앞에서 잠시 배를 멈추고 쉬고 있었다고 한다. 그 와중 깜박 잠이 들었는데, 꿈에서 부처님이 나타나 '배가 있는 강 밑바닥에 석불이 있으니 찾아서 절을 지어달라'고 말씀하셨다 한다.

그래서 배 밑 강바닥을 조사하니 정말 석불이 가라앉아 있어 건져내었는데, 정도명은 이후 뱃일을 그만두고 스님이 되어 이 용화사를 세워 머물렀다고 한다. 우연히 석불을 발견하고 감화되어 속세를 떠나올 결심을 하고 절을 세우게 된 것인지, 원래부터 불자였던 그가 이 사건을 부처님의 가르침으로 여겨 사명감을 갖고 절을 세우게 된 것인지는 정확히 알 길이 없다.

이후 조선 후기 1782년에 중창했으며, 1968년에는 용암 선사가 용화전을 확장해 중건하면서 탱화 4점을 봉안하였고, 1976년에 범종각, 1981년에 5층 석탑이 세워지면서 조계종 소속 사찰로 오늘에 이르고 있다.

사찰에 도착하면 독특하게도 현대식 건물 2층 옥상에 자리한 범종각의 모습이 눈길을 끈다. 오른쪽으로 돌아 올라가는 좁은 길을 따라 절로 들어가면 바로 용화전 마당으로 향하게 되는데, 마당을 가운데에 두고 왼편에 있는 범종각에 먼저 올라본다. 시원한 조망을 자랑하면서도 건물 옥상이라고 느껴지지 않게 하는 독특한 공간 배치에 탄성이 나온다. 옆에 있는 키 큰 벚나무의 자태도 제법 조화롭다.

이제 용화사의 법당인 용화전으로 발걸음을 옮겨본다. 정면 3칸의 팔작지붕 집으로 단청도 아름답고 수려한 건축물이다. 용화전 우측에서 범종루의 경관을 담아내는 구도가 필자의 맘을 붙들어서 펜으로 담아보기로 했다. 아담한 경내에는 용화전과 대웅전, 범종각, 요사채, 무위당 등 건물들이 자리하고 있고, 무위당 옆길로 내려가면 보이는 넓은 공간에는 200여 병상의 현대식 시설을 갖춘 보리수요양병원이 자리하고 있다.

전통 사찰에서 요양병원을 건립한 사례로는 현재 유일하다고 하며, 수도권에서도 손꼽히는 우수한 시설을 갖추고 있다고 한다. 불자들은 물론 일반인들에게도 인기가 높으며, 연로한 어르신들이 만년을 보낼 수 있게 해 드리고픈 가족들이 많이 찾고 있다고 한다.

金浦 龍華寺 彌勒佛

佛紀二五六六年 度法 金兪植

◀ 용화전에 봉안돼 있는 미륵불상. 38×28cm, Pen drawing on paper. 용화전에 모셔진 미륵불은 조선초 뱃사람 정도명이 부처님의 꿈을 꾸고 배밑에 가라앉아 있던 미륵불을 건져 올려 부처님을 모실 사찰을 지었으니 이절이 바로 용화사다.

용화전은 한강에서 건졌다는 그 미륵석불이 모셔져 있어 특히 유명하다. 조용히 법당 안으로 들어가 미륵불에 기도하고 찬찬히 둘러보았다. 미륵불은 매끈하고 하얀 피부를 지니고 있어 현대식 불상을 대하는 느낌이 드는데 이는 근래 하얗게 분을 칠해서 그렇다고 한다. 법당 안의 탱화와 지장보살, 그리고 미륵불이 배치된 불전의 모습을 그려 보았다. 법당에는 용왕탱화도 봉안하고 있다. 용왕은 물을 다루는 존재라서 강이나 바다 주변 절에서 많이 봉안하다보니 용화사도 그런 것으로 생각된다. 산신과 호랑이, 동녀, 산, 소나무 등이 담겨져 있는 용화전 산신탱화와 법당지킴이인 호법신들의 무리가 그려진 신중탱화도 보인다.

용화전에서 언덕을 내려오면 요사로 쓰이는 건물인 한옥 스타일의 무위당이 보인다. 무위당은 불교신문 사장으로 재직하셨던 주지 현법스님의 주석처다. 무위당 밑으로는 지형을 이용하여 현대식 건물로 지어진 대웅전이 있다. 예전에는 용화전이 이곳의 주 법당이었으나 지금은 대웅전이 그 역할을 대신하고 있는데, 대웅전에는 석가여래삼존상이 봉안되어 있으나 독립적인 전각으로 되어 있지 않고 무위당 밑에 들어앉은 특이한 형태를 보이고 있어 자칫 지나치기가 쉽다. 올 봄에는 거대한 벚나무가 꽃망울을 터뜨리는 시기에 미륵도량 용화사를 다시 찾아볼 생각이다.

Kimyousik

6편

정선 태백산 정암사

▲ 수마노탑이 보이는 정암사 설경 Pen & ink on paper, 54×38cm 태백산 자락에 세워진 정암사는 자장 율사가 세운 곳으로 저 높은 곳에 수마노탑을 세워서 사리를 보관하였기에 5대 적멸보궁의 자리를 지키는 유서깊은 사찰이다. 먹과 펜의 조합으로 그렸다. (컬렉터 소장작)

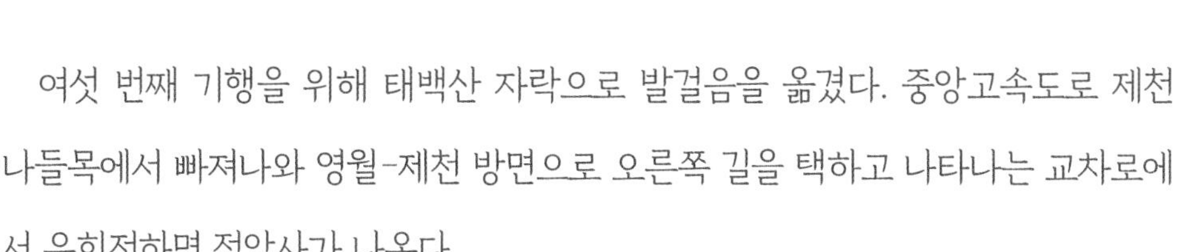

여섯 번째 기행을 위해 태백산 자락으로 발걸음을 옮겼다. 중앙고속도로 제천 나들목에서 빠져나와 영월-제천 방면으로 오른쪽 길을 택하고 나타나는 교차로에서 우회전하면 정암사가 나온다.

대한불교 조계종 제4교구 본사 월정사의 말사인 강원도 정선의 정암사. 양산 통도사, 오대산 중대 사자암, 사자산 법흥사, 설악산 봉정암의 적멸보궁과 더불어 진신사리를 모신 우리나라 5대 적멸보궁으로 꼽힌다. 현존하는 적멸보궁 가운데 석탑에 부처님 진신사리를 모셔서 형성한 적멸보궁은 설악산 봉정암과 함께 두 군데 뿐이라 한다. 진신사리를 모신 이 절의 수마노탑은 마노석으로 쌓은 9층탑으로 마노석은 보석 중에 하나로 아주 귀한 돌이다. 국내에는 몇 되지 않는 마노석탑이라고 한다. 예전에는 '갈래사'라고 불린 이 절은 태백산 높은 곳에 자리하고 있어, 등산을 즐기는 불자들이 자주 찾는 곳이다. 올라가는 길을 걷는데 평소보다 숨이 찬 것은 기분 탓일까.

절 입구를 지나 맨 먼저 마주치게 되는 일주문으로 들어서면, 왼편에는 근년에 완공된 육화정사가 있고, 오른편의 목우당 당우를 지나 도량의 가장자리에는 범종

▲ 적멸보궁 설경 Pen & ink on paper 54×38cm 불상없이 기도를 드리는 적멸보궁 전각으로 보궁의 뒤편에 수마노탑이 있다. 지금은 단장하여 더 산뜻해 졌는데 보수 이전의 모습으로 먹과 펜의 조합으로 그린 작품이다.

각이 보인다. 가람의 배치를 천천히 둘러보며 열목어가 노니는 하천 건너편의 적멸보궁으로 걸음을 옮겨본다. 선덕여왕이 자장 율사에게 하사한 금란가사가 보관되어 있었다는 적멸보궁의 반대편에는 관음전, 자장각과 삼성각이 위치하고 있고, 저 멀리 산위로 수마노탑이 바라다 보인다. 겨울의 눈 덮인 태백산 자락에 장엄히 자리한 수마노탑을 배경으로 한 정암사 입구의 풍경은 과연 옛 선사들이 참선을 하기 위한 장소로 선택할 법한 비경이다. 고드름이 달린 당우 저편 높은 곳에 자리한 수마노탑을 배경으로 먹과의 콜라보를 시도한 펜화로 작업하였다.

정암사의 유래는 신라시대까지 거슬러 올라간다. 당대의 고승 자장 율사가 말년에 강릉 수다사에 머무르고 있었는데, 하루는 꿈속에 한 스님이 나타나 "내일 대송정에서 보리라" 하였다 한다. 그리하여 다음날 아침 대송정으로 가니, 문수보살이 현현하시어 "태백산 갈반지에서 만나자"하고 사라졌다고 한다. 자장 율사는 그 길로 태백산으로 들어가 갈반지를 찾아 헤매다가, 어느 날 큰 구렁이가 똬리를 틀고 있는 곳을 발견하고 함께하던 제자에게 "이곳이 갈반지다"라 이르고 그 자리에 절을 지은 것이 현재의 정암사라 한다.

▲ 정암사 수마노탑 pen drawing on hanji, 33×24cm 수마노탑은 높은 암벽 위에 조성한 특수한 석탑으로 총 길이가 9m로 화강암 기단 위에 정교하게 다듬은 모전석재를 포개어 쌓았다. 단 수를 층별로 일정하게 더해 쌓아 상륜부까지 완전한 모습을 갖추고 있어 가치를 인정받아 국보로 격상되었다. 한지에 아크릴물감으로 베이스를 깔고 펜으로 작업하였다.

위의 작품에 담아낸 수마노탑은 높은 암벽 위에 조성한 총 높이 9m에 달하는 석탑으로, 화강암 기단 위에 정교히 다듬은 모전 석재를 포개어 쌓았고, 단 수를 층별로 일정하게 더해 쌓았으며 상륜부까지 온전한 모습을 갖추고 있다. 해체 보수 작업 당시, 탑의 건립에 관한 사항이 상세히 적힌 탑지석이 이 수마노탑 안에서 발견되어 탑의 조성 역사나 조탑 기술 등을 연구하는 데에 매우 귀중한 자료가 되었고, 그로 인해 탑의 이름이 지금까지 정확히 전해지고 있는 몇 안 되는 석탑이다.

신라 선덕여왕 때 자장 율사가 석가모니불의 사리를 봉안하고 이를 지키기 위하여 건립한 석탑으로, 앞서 언급했듯 여기에 진신사리가 봉안되어 있기 때문에 경내 법당에는 불상을 모시지 않고 있다고 한다. 석탑을 이루는 마노석은 불교에서 금, 은과 함께 7보석 중의 하나로 꼽히며, 자장 율사가 진신사리를 가지고 귀국할 때 서해 용왕이 자장의 도력에 감화되어 바친 것을 동해 울진포를 지나 갈래산에 신력으로 비장해뒀다가 탑을 쌓을 때 사용했다는 설화가 전해진다. 이 마노석을 물(水)길을 따라 뗏목으로 가져왔기에 '수마노탑'이란 이름이 붙여졌다고 하며, 전란이 없고 나라와 백성이 편안하게 살기를 염원하는 마음으로 탑을 세웠다고 한다.

경주 분황사 모전석탑과 같이 조형적 안정감과 입체감 및 균형미를 잘 보여주는 귀한 문화재로서, 모전석탑 형태의 진신사리 봉안탑으로는 우리나라에서 유일하다는 그 가치를 인정받아 최근 국보로 지정되었으니 앞으로도 잘 보존해야 할 문화유산이라 하겠다. 비단 문화적인 가치뿐만 아니라, 가람 전체를 조망할 수 있는 장소에 자리하고 있으니 힘이 들더라도 기왕 정암사에 왔다면 올라가 보는 것을 권하고 싶다.

이제 다시 적멸보궁으로 발길을 돌린다. 눈 덮인 정암사 적멸보궁의 단아한 아름다움과, 여백이 충만한 구도의 그 풍경을 한눈에 담아낼 방법을 고심하다 수묵과의 조화를 기하고자 먹과 펜의 콜라보로 작업해 보았다.

입구의 석단에는 '선장단'이라는 고목이 있다. 자장 율사가 본인이 짚고 다니던 지팡이를 땅에 심자 수백 년 동안 자란 나무라고 하는데 지금은 고목이 되어있다. 신기한 점은 고목이 된 이후로 손상된 곳이 전혀 없다는 것인데, 전하는 바에 의하면 이 나무에 다시 잎이 피게 되면 자장 율사가 환생한다고 하니 언젠가 이 나무에 싹이 트는 모습을 볼 수 있기를 염원해 본다.

7편

불암산 학도암

▲ 학도암과 마애관세음보살좌상, Pen drawing on paper, 74×56cm 학이 노니는 곳이라 하여 학도암이다. 유명한 마애관음보살좌상은 13m나 되는 거대한 바위에 음각으로 새겨졌는데 명성황후가 아들을 낳기를 소원하여 간절한 서원을 담아 세운 것이다. 20호 크기의 종이에 전각의 곡선미를 강조하여 그렸다.

일곱 번째 말사 기행의 목적지는 수도권에 위치한 불암산 학도암이다. 대한제국 시기 명성황후가 기도를 올렸던 곳으로 유명하며, 지금은 서울시민의 휴식처로 거듭난 사찰이다. 불암산 경치가 너무 아름다워 '학이 날아와 노닐었다'는 전설이 깃들어 있는 곳이다. 대웅전 옆 암벽에는 거대한 관음보살상이 새겨져 있어 참배객의 발길을 멈추게 하고 마음의 안식을 도와주는 곳이다.

서울 노원구와 남양주 별내를 아우르는 위치에 있으며, 겸재 정선의 산수화에 등장할 법한 멋진 바위들이 많은 불암산 자락에 위치한 조그마한 이 암자는 인근 아파트 단지에서 건강산책로를 따라 30분 정도 걸으면 시민들이 쉽게 찾을 수 있을 정도의 위치에 있는 고즈넉한 사찰이다.

사찰 주차장 입구에 도착하면 지장보살님 좌상이 높은 곳에서 내려다보고 계신다. 절 마당에 들어서면 대웅전 이외에는 이렇다 할 전각이 별로 없지만 대웅전 옆 암벽에는 거대한 마애관세음보살좌상이 새겨져 있어서 왜 여기를 와야 하는지 쉽게 알 수 있게 된다. 필자도 앞에서 발길을 멈추고 한참을 바라보았다.

▲ 대원본존 지장보살 석상, 53×45cm pen drawing on canvas 입구에 지장보살좌상 석상이 있는데 보살의 모습을 먹으로 그린 둥근 원안에 펜으로 그려 넣었다.

마애관세음보살좌상으로 올라가는 입구 바위에 이전 주지스님들이 쓰시던 목탁들이 걸려 있는데, 목탁들의 바랜 모습이 학도암의 역사를 대신 말해주는 듯하다. 절을 찾았을 때 무심히 핀 상사화가 애처롭게 피어 있었는데, 이를 펜화로 담아 보았다. 마치 속세와의 인연이 부질없다는 것처럼 피어 있는 모습에 반하여.

대웅전과 그 뒤로 거대한 마애관세음보살좌상이 바라다 보이는 구도는 이 절을 대표하는 펜화로 남기기에 적합한 장면이었다. 이 아름다운 풍광을 담기 위해서 대웅전 뒤편 바위에 돋을 선각으로 새긴 이 마애관세음보살좌상을 자세히 감상해보기로 했다. 계단을 올라보니 13m가 넘는 장대한 바위에 새겨진 불상이 근엄하게 결가부좌를 틀고 있는 모습에 압도당한다. 우리나라에서 열손가락 안에 꼽히는 거대한 작품에 속한다고 하는 말이 허튼소리가 아닌 듯하다. 불상의 머리에는 관세음보살의 상징이라 할 수 있는 아미타불이 새겨진 화관이 쓰여 있고, 보살상의 각 부분도 전체적으로 균형미가 있어 매우 자연스럽다.

화관 테두리 양편에는 귓전 위에서부터 좌우 각각 한 줄씩의 보주가 달린 마름모 모양의 영락이 양쪽 어깨까지 드리워져 있어 섬세한 세련미가 돋보인다. 상호를 살펴보면 눈은 가늘고 길며 코는 두툼하고 입술은 아주 얇고 작은 편이다. 왼손 손목에 장엄된 만자무늬(卍)가 새겨진 두꺼운 팔찌가 화려함을 더욱 돋보이게 하고 있다. 나는 이 빼어난 수작을 석양빛에 드리워진 나무 그림자 속에서 펜화로 아름답게 표현하려고 애썼다.

마침 필자의 펜화 작업에 관심이 있으셨는지 근처로 다가오신 전 주지 묘장 스님에게서 이 사찰의 다소 짧지만 자세한 역사를 들을 수 있었다. 조선 후기 인조 때 무공 스님이 불암산의 한 암자를 지금의 자리로 옮겨와 창건한 것이 이 절의 시작이다. 이후 조선 후기 고종 때 벽운 스님이 중창하고 일제강점기에는 성담 스님이 주지로 계시면서 불상을 조성하였으나, 안타깝게도 한국전쟁 당시 완전히 소실되었다가 1965년 당시 주지이신 명호 스님이 다시 세워 오늘에 이른 것이라 한다.

▶ 목탁과 상사화, Pen drawing on paper, 33×24cm 학도암 마애불 가는 돌 계단 옆의 큰 바위에 걸린 목탁들, 이전 주지스님들이 쓰시던 것으로 절의 역사가 되는 모습이다. 옆에 상사화가 처연히 피어 시간의 무상함을 알려주는 듯 하다.

주지 스님께서 설해주시는 이 마애관세음보살좌상의 조성 기원에도 흥미로운 야사가 숨겨져 있다. 조선 고종은 명성왕후 민씨를 중전으로 들였지만, 귀인 이씨를

더욱 가까이 하여 첫 아들인 완화군까지 보게 된다. 당연히 귀인 이씨가 고종과 흥선대원군의 관심을 한 몸에 받았으며, 명성왕후는 왕의 눈길조차 받지 못하고 늘 독수공방할 수밖에 없었다고 한다.

왕의 총애를 받으려면 왕자를 낳아야 했기에 명성왕후는 궁녀의 권유를 듣고 명당으로 이름난 학도암 큰 바위에 관세음보살상을 조각하기로 했고, 경복궁 중건에 동원되었던 석공을 섭외하여 이 마애관세음보살좌상을 조성하게 된다. 이후로 명당의 기운을 받은 것인지 명성왕후는 고종의 총애를 듬뿍 받고 훗날 순종이 되는 셋째까지 출산하게 되었으며, 반면 귀인 이씨는 궁에서 쫓겨나는 신세가 되었다고 한다.

이후로도 그녀에 대한 고종의 총애는 지극해져서 을미사변으로 명성왕후가 시해당한 후에도 매일 홍릉의 관리에게 전화를 걸어 안부를 물었다고 하니 이 불상의 영험함을 능히 짐작할 수 있으리라.

이 절의 약사전은 매우 특이해서 석굴의 형태로 조성되어 있다. 석굴 안에 약사여래를 모시고 있는 것은 아마 좁은 절터를 효율적으로 활용하기 위한 것인 듯하다. 약사여래께 가족과 친구의 무병장수를 빌고 석굴을 나서서 삼성각에 오른다. 서울 시내를 굽어보는 필자의 이마에 맺힌 땀을 산들바람이 식혀준다.

작고 아담한 가람이라도 여유로움은 여느 사찰 못지않음을 느끼며 저녁 산책길로 내려선다. 문득 뒤를 돌아보니 아름다운 석양빛이 관세음보살님의 자비로운 미소로 화해 나의 마음을 편안히 감싸 안는 느낌이었다.

8편

영주 소백산 부석사

▲ 부석사 범종루 누각 2층 목어와 법고 pen drawing on paper 38×28cm 범종각에는 종이 없고 2층에는 특이한 모습의 목어와 법고가 자리한다. 수중생물을 제도하기 위한 부석사 목어는 지느러미가 상당히 크고 길어 매력이 있다. (컬렉터 소장작)

여덟 번째 말사 기행을 위해 중앙고속도로를 타고 영주로 향했다. 백두대간 소백산 자락의 봉황산 중턱에 자리한 화엄종찰 부석사는 어느 계절에 가도 좋고 갈 때마다 새로운 느낌을 주는 멋진 곳으로 사부대중에게도 널리 알려진 곳이다. 가을이면 노란 은행나무 가로수길이 인상적이며 빨간 단풍 속에 묻힌 부석사는 그야말로 환상적이다. 여름에는 일주문을 지나면서 만나는 탱자나무 가로수가 이색적인 정취를 자아내면서도 인근 사과나무 과수원의 과일들이 익어 가는 풍경이 정겨운 곳이다.

아늑한 산속에 자리 잡은 여느 사찰과는 다르게, 언덕에 지어졌으되 산 중턱에 길쭉하게 배치된 형태라서 어느 각도에서건 사찰 전체가 조망되지 않는 독특하면서도 특별한 아름다운 풍광을 보여준다. 이 절을 답사하기 전에 약간의 사전 조사를 해보니 부석사는 산지 가람의 형태를 유지하면서도 하늘에서 보면 '화(華)'자를 형상화한 가람배치라 하는데 드론을 띄우지 않고서는 확인이 어려웠다.

주차장을 지나 오르막길을 걷다 보면 '태백산 부석사'라는 현판을 단 일주문에 분명 소백산 부석사라고 되어 있어야 할 현판이 무슨 이유에선지 태백산 부석사라고 되어 있다. 108계단이라고 하는데 계단을 한 계단, 한 계단 오르며 깊은 번뇌들을 끊어보려고 방하착(放下着)을 발원해 본다.

▲ 부석사 안양루와 무량수전 Pen & ink on korean paper, 45×38cm 콩기름 먹인 한지에 펜으로 작업한 부석사의 대표적인 건물 무량수전과 안양루다. 극락세계를 찾아가는 모습으로 지어진 무량수전에는 서방정토를 향해 좌불한 아미타여래불이 봉안되어 있다.

금강문을 지날 즈음 신라시대의 모습을 간직한 채 우뚝 서 있는 당간지주를 만났다. 당간지주는 큰 법회나 행사를 할 때 괘불을 걸기 위해 사용했던 석물로, 절 마당을 대웅전으로 만들어주는 역할을 했다고 한다. 꽤 커다란 당간지주만으로도 이 절의 위상을 짐작하게 해준다. 계단을 올라 보제루로 들어서면 좌우에 인근 사찰에서 가져와 옮겨놓은 동탑과 서탑의 엄호를 받는 범종각이 보인다. 이 사찰에는 범종각과 안양루라는 두 개의 2층 누각이 있는데, 범종각은 다른 전각과 달리 옆으로

돌아앉아 있다. 여기에서는 소백산맥 전체가 한눈에 다 들어온다고 느껴질 만큼, 탁 트인 조망이 한 폭의 거대한 산수화를 보는 듯 아름답다. 의도성을 가지고 지어진 게 분명하다.

범종루의 누각 규모가 매우 커서 사찰의 조망을 혹여 가리지 않을까 하여 전면의 방향을 틀어 놓았다는 이야기가 설득력을 얻는다. 범종각에는 종이 없고 2층에는 특이한 모습의 목어와 법고가 자리하고 있다. 수중생물을 제도하기 위한 목어가 내려다보는 저 하늘과 부드러운 곡선의 안개 낀 산들이 흡사 바다 물결 같은 느낌을 준다. 부석사 목어는 지느러미가 상당히 크고 길어 마치 가다랑어의 그것 같았다. 눈을 부릅뜨고 속은 비운 채 여의주를 물고 용맹정진하는 수행자와 같이 범상치 않은 모습에 매료돼 공력을 담아 펜화에 담았다.

범종각을 지나면 저 멀리 안양루와 뒤편의 무량수전이 살짝 보이는데, 이 절을 나타내는 상징적인 구도라고 생각되었다. 마당에서 물을 한잔 마시며 바로 여기에서 바라본 풍광을 펜으로 담아보았다.

안양루는 무량수전 앞마당에 놓여있는데, 특이하게도 아래에서 보면 2층 누각처럼 보이고 무량수전에서 보면 마당과 동일 선상에 있는 단층 건물처럼 보인다. 안양(安養)이 극락을 뜻하므로 이 누각은 극락세계인 무량수전으로 향하는 출입문의 기능까지 하고 있는 것이다.

안양루의 공포를 자세히 보면 공포 사이에 있는 포벽을 채우지 않고 부처님 형상으로 빈 공간이 조각되어 있는데, 안양루 앞에서는 그 공간을 통해 무량수전의 황색 벽이 보이게 되므로 마치 황금 불상처럼 보이게 되는 착시를 경험할 수 있다. 우연의 일치일 수도 있지만 선인들의 미적인 감각과 그것을 구현하기 위해 고안해낸 기술적 정교함에 다시 한 번 놀라움을 금할 수 없었다.

무량수전은 아미타불(무량수불이라고도 한다)을 모시는 법당이다. 그런데 누구든 이 부석사 무량수전에 들어서면 의아할 수밖에 없는데, 이곳의 부처님께서는 정면이 아니라 서쪽 끝에서 동쪽을 향해 모로 앉아계시기 때문이다. 실로 굉장한 파격이 아닐 수 없다.

무량수전은 그 유명세에 비해 화려하지 않고 단청도 거의 없어 고려 시대 건축의 특징인 소박함과 간결함을 잘 나타내고 있다. 지붕을 떠받드는 기능에 충실한 주심포 양식의 공포와, 역시 하중 분산을 위한 배흘림기둥 구조를 채택한 것은 고려 시대의 선인들이 건축학적인 측면을 우선하여 건물을 설계했음을 알 수 있다.

그러나 건물의 크기에 비해 활주까지 더해가며 유달리 길게 뺀 처마의 아름다운 곡선은 미적인 측면에서도 무릎을 치게 만드는 최고의 사찰 건축이 아닐 수 없었다. 건물 자체가 국보인 경우는 드문 일인데 무량수전은 최순우 선생의 말처럼 "최고로 빼어난 고대 목조 건축물의 전형을 보여주는 작품"이기에 지정되지 않았을까 한다.

부석사는 통일신라 초기인 676년에 의상 대사가 당나라의 신라 침공 야망을 눈

치 채고 귀국하여 호국의 일념으로 절터를 찾아 수 년의 노력 끝에 마침내 죽령을 방어하는 지점인 영주 땅에 세운 절로 1300여년의 역사를 지니고 있다. 그 터를 오랜 시간 굳건히 지켜온 가람이 지금까지도 한 점 흐트러짐 없는 모습을 지니고 있는 것은 창건자인 의상 대사를 받들던 선묘의 아름다운 사랑 이야기도 한몫을 하고 있지 않을까 하는 생각이 들었다.

▲ 부석사 뒤편의 부석, pen drawing on paper, 38×28cm 부석사의 이름은 바로 이 부석에서 나왔다. 의상 대사가 절을 세울 때 토속신앙 세력을 물리치는데 썼다는 공중에 뜬 돌로 지금도 허공에 뜬 것 같은 환상을 주는 모습이 이채롭다.

의상 대사가 당나라 유학을 마치고 신라로 돌아올 즈음, 그를 너무나 사랑하던 당나라 여인 선묘가 용이 되어서라도 이미 떠나버린 배에 탄 그를 지켜주겠다는 서원을 세우고 바다에 뛰어들었다고 한다. 그 뒤 의상 대사가 부석사를 창건하는 것을 방해하던 토속 신앙 집단을 진짜 용이 된 선묘 낭자가 물리치면서 썼다고 하는 바위가 무량수전 뒤편에 남아있다. 약 100여 톤의 무게를 지닌 거대한 바위가 이리저리 살펴봐도 공중에 떠 있는 부석(浮石, 공중에 뜬 돌)이라는 사실이 자못 영험하다.

선묘 낭자의 설화는 이 부석뿐만 아니라 부석사 곳곳에 스며들어 있다. 무량수전에서 석등으로 이어지는 마당에서 실제로 용의 몸통을 상징하는 석룡이 발견되었는데 용으로 변한 선묘가 묻힌 것이라 한다. 또한 가람 내에는 '선묘정'이라는 우물이 있으며, 무량수전 북서쪽 모서리에서 이어지는 오솔길을 오르면 사방 한 칸의 자그마한 전각이 나오고 그 안에 화려한 모습을 한 선묘의 진영이 모셔져 있다. '선묘각'이다. 의상 대사를 비롯한 선대 조사들의 진영을 모신 조사당에도 한쪽 벽을 지키고 있는 것은 선묘의 진영이다. 우리나라의 사찰에서 여인의 진영을 따로 모시는 것은 전례가 없는 일이기 때문에, 이 여인이 부석사와 얼마나 깊은 인연을 맺고 있는 지 미루어 짐작할 수 있었다.

비록 전설 속의 이야기일지라도, 불국 화엄 정토를 만들겠다는 의상대사의 큰 뜻에 보탬이 되고자 호법용이 되어 여러 이적을 일으킨 사랑 이야기는 부석사를 화폭에 담던 내 마음속에서 고요히 영감을 주었다. 이 땅의 여인도 아닌, 당나라의 여인이 보여준 경이로운 헌신을 어찌 찬탄하지 않을 수 있겠는가. 그녀의 설화가 어느 정도는 사실을 담아내고 있는 것인지, 의상대사는 입적할 때까지 당신이 창건했던

그 수많은 사찰들 중 바로 이곳 부석사에서 가사와 주장자 하나를 놓아두고 그 흔한 부도탑도 하나 없이 열반에 드셨다고 한다. 그만큼 부석사에 대한 그의 애정은 깊었던 것이리라.

고려시대 건축물로 국보로 지정 된 조사당을 나오자, 처마 밑에는 의상 대사가 꽂은 주장자에서 자라났다고 하는 '선비화(골담초의 별명)' 나무가 있다. 이 사찰에서 부디 그 선비화가 해마다 어김 없이 꽃을 피워냈으면 하는 발원을 끝으로 부석사 여행을 마무리했다.

▲ 선비화 핀 모습

9편

강화 정족산 전등사

▲ 강화 전등사 전경, Pen drawing on paper, 54×36cm 강화의 대표적인 절 전등사의 느티나무와 대웅전, 약사전 등 전체가 보이는 전경을 무수한 펜선으로 오랫동안 작업한 작품이다. 우리의 아픈 항몽의 역사를 간직한 곳이기도 하다.

아홉 번째 말사 기행의 목적지는 인천 강화도에 위치한 전등사로 정했다. 강화도는 평소 가족과 드라이브 삼아 자주 가는 섬이기도 하고, 강화대교나 초지대교를 건너 표지판만 따라가도 쉽게 찾을 수 있는 유명한 곳이다. 불법의 등불을 전한 지붕 없는 박물관답게, 유서 깊은 대몽항쟁의 근거지로 곳곳마다 숨은 이야기가 가득한 곳이다. 주차장에 차를 세우고 10여분 정도를 걸어가는 길에는 수려한 소나무들과 함께 수백 년 된 은행나무와 느티나무들이 세월의 흐름을 말해주고 있다. 삼랑산성 안에 자리 잡은 전등사 경내로 가는 길에는 특이하게도 일주문 그리고 천왕문이 없고 산성의 남문이 일주문을 대신하고 있어 이 문을 통과해야 절로 들어갈 수 있다.

오래전부터 전등사는 외세와의 항쟁 한복판에 있던 가람이었다. 남문 통과 후 만나는 아담한 2층 건물, 여기에 오르면 서해 바다의 조수가 한눈에 들어온다 해서 대조루(對潮樓)라는 현판을 달고 있다. 이곳을 지나 경내로 들어가려면 자세를 매우 낮추어야 한다.

전등사는 놀랍게도 우리나라에서 제일 오래된 역사를 가진 사찰이라고 한다. 고구려 소수림왕 때 아도화상이 '진종사(眞宗寺)'라는 이름으로 창건한 것이 그 시작이며, 고려 고종 때 몽고와 항쟁하며 강화도에 임시 도읍을 정하면서 진종사 경내에 임시 궁궐을 지은 것으로 세간에 이름을 다시 알리게 되었다. 지금의 전등사라는 이름은 고려 충렬왕의 비 정화궁주가 이 절에 '불법(佛法)의 등불을 전한다'는 의미로 옥등을 시주한 데서 비롯되었다 하니, 실로 유서 깊은 사찰이 아닐 수 없다. 그 옥등은 대웅전에 불을 밝히는 용도로 쓰였으며, 지금까지도 유물로 남아 있다고 한다.

대웅전 마당으로 들어서서 가람 전체를 바라보는 것보다, 명부전 방향에서 약사전을 거쳐, 최근 향로전에서 관음전으로 이름이 바뀐 전각과 대웅전을 두고 마당 오른편에 묵묵히 400년 이상을 견뎌온 느티나무를 배경으로 하는 구도가 이곳 전등사를 가장 잘 나타낼 수 있다고 판단했다. 그리하여 섬세한 펜촉으로 수없이 선을 그어 여러 전각, 숲과 그 안의 느티나무들을 그려내며 긴 시간을 들여서 작품을 만들어 냈다.

남향으로 펼쳐진 대웅전의 왼편에 조금 더 작은 규모로 지은 약사전이 있다. 자비로운 약사불의 보살핌을 구하는 마음으로 암투병을 하고 있는 친구의 쾌유를 빌며 가느다란 펜에 공력을 담아 그려 보았다. 부처님 오신 날을 맞아 약사전을 장엄하는 의미에서 5월의 꽃인 작약을 그려 넣었다. 목조건물인 약사전이 오래되어 조금씩 기울어지고 있다는 이야기가 있어, 해체보수가 되기 이전에 작품으로 남긴다면 역사적인 기록물이 될지도 모를 일이라는 생각이 들어 작업이 더 가치가 있다는 생각을 했다.

이 곳의 전각들을 둘러보면 전체적으로 석축을 쌓아 높은 기단 위에 건물을 올려

불법의 위엄을 보여주고 있다. 현재의 대웅전은 조선 중기 광해군 때 다시 지은 것으로, 겹처마 팔작지붕의 양식으로 모서리의 배흘림기둥 높이를 약간 추켜세워 처마 끝이 날아갈 듯 들리도록 했다. 그리하여 전체적으로 매우 안정감이 생겼고 곡선의 우아함도 더욱 매력적으로 다가오는 것 같다.

◀ 대웅전 기둥위 모서리 공포에 조각된 여인상. Pen drawing on paper, 28×16cm 건물을 짓던 대목수가 떠나간 여인에게 형벌을 내려 건물을 이고 있도록 했다는 이야기가 전해지는 조각상.

현대의 과학적 시각으로 바라보자면 마치 사이클로이드 곡선을 적용한 듯 지붕 모서리가 하늘로 치솟는 지붕 양식이 유난히 돋보이는데, 이는 처마를 높여 빗물이 빨리 떨어지도록 함으로써 습기에 취약한 목조건물의 단점을 보완한 것이 아닐까 하는 생각을 가져본다.

대웅전은 조각 기법도 매우 수려하지만 공포 위로는 동물 조각, 귀면, 연꽃봉오리 등 다양한 소재를 보여준다. 전등사에 가게 되면 대웅전 처마를 올려다보시라. 사각 모서리에 벌거벗은 여인이 쭈그리고 앉아 힘겹게 처마를 떠받치고 있는 모습이 매우 해학적이다.

전해지는 이야기로는 법당을 짓고 있던 때 도편수가 아랫마을 주막에 자주 드나들다가 사랑에 빠졌는데 도편수는 일당을 주모에게 맡기고 일이 끝나면 살림을 차리기로 하였다 한다. 그러나 공사가 며칠 남지 않은 사이 마을에 내려가니 여인은 줄행랑을 치고 없어져버렸다.

이에 화가 난 도편수는 후생에 지붕이나 받치고 살라고 네 모서리에 여인의 상을 조각해 넣었다는 이야기가 전설로 내려오고 있다. 자세히 보면 여인인지 구분이 잘 안되는데, 석가모니 부처님에 대한 끝없는 존경심을 표현하기 위해 네 마리 원숭이들이 처마를 받들어 지붕을 들고 있게 배치했다는 설도 있다.

그 시절 도편수에게 물어보지 않는 이상 진실을 알 수 없지만, 부처님의 넓은 도량에서 예술로 승화되며 전등사만의 특별한 양식이 되었으니 그 자체만으로도 흥미로운 것이다.

▲ 작약이 만발한 약사전, Pen drawing on paper 54×38cm 건물이 오래되어 약간 기울어져 가고 있다는 약사전 건물과 그 앞에 무수히 핀 코스모스와 꽃들을 그려 병들고 힘든 이들의 위안을 주는 약사유리광여래불 대진언을 화면 하단에 적었다. (옴 나무 바가모 바제 비살사 구로 벽류리 바라바아라 사야 다타 아다야 아라하제 삼막 삼붇다야 다냐타 옴 비살서 비살사 삼모 아제 사바하, 해석하면 '바가와'이자 '아라한'이고 '삼먁삼붓다'이신 '약사유리광 여래'께 예경드리니 약으로써 그 약효가 성취되게 하소서)

그림에는 빠졌으나 명부전 앞에는 종각이 자리하고 있는데, 북송시대 중국에서 들여온 철제 종이 보관되어 있다. 징발로 일제에게 빼앗겼지만 해방 후 부평의 군기창에서 온전한 모습으로 발견되어 다시 전등사로 옮겨졌다 하니 실로 부처님의 가피가 아닐까 싶다.

전등사는 경내에 조선왕조실록을 보관할 목적으로 정족산 사고(史庫)가 설치되면서 조선 후기 4대 실록 보관소가 되었다고 한다. '취향당'이라는 편액은 영조가 직접 전등사에 친림하여 친필로 썼다고 하니 왕실의 관심과 사랑을 받은 명찰임에 틀림없다.

경내를 둘러본 후 샛문으로 나가보면 평지에 세워져 있어 남녀노소 누구나 쉽게 일주할 수 있는 삼랑산성을 둘러볼 수 있다. 단군의 세 아들이 쌓았다고 전해지는 이 곳에는 또 하나의 역사가 전해진다. 병인양요 때 전투에 참여한 병사들이 부처님의 가피로 살아남기를 바라는 마음으로 전등사 대웅전 기둥, 보개, 용 등에 자신의 이름을 새긴 흔적이 지금도 남아있는데, 정말 부처님이 굽어 살피셨는지 양헌수 장군이 이끌던 총 500여명의 군사 중 단 네 명만 전사했다고 한다. 그들이 지켜낸 의의를 기리고 역사적 흔적을 보존하는 의미에서, 전등사와 사고의 단청을 새로 하는 것도 보류하고 있다고 한다.

이렇듯 전등사는 현존하는 가장 오래된 호국사찰과 왕실의 사찰로서, 역사를 지키고 보존, 계승하는 사고의 역할까지 해내며 무려 1600여 년 동안 묵묵히 자리를 지켜오고 있었다.

그 뜨거운 숨결은 부처님에 대한 환희심과 더불어 가슴 깊은 곳에 울림을 주었고 나는 그 호흡을 하나라도 놓칠 새라 작품으로 승화시키려고 바삐 손을 움직일 수밖에 없었다. 이렇게 가람 여기저기를 둘러보면서 스케치하며 느낀 감흥이 워낙 커서인지, 자취를 감추기 직전의 햇빛이 낙조가 되어 온 세상을 붉게 물들이는 줄도 몰랐었다.

서울 근교에 있으면서도, 수려한 경관과 더불어 고조선시대부터 현대에 이르기까지 유구한 역사가 살아 숨쉬며, 어디를 가도 수많은 이야기들이 숨어있는 곳. 몇

달 뒤 선선한 가을바람이 불어올 때가 되면 마음 맞는 도반들과 함께 템플스테이 체험으로 다시금 찾으리라 결심하며 아쉬운 마음을 접고 돌아왔다.

10편

부여 만수산 무량사

▲ 무량사 극락전 설경 Pen drawing on korean paper, 53×38cm 중 2층 구조의 전각인데 내부로 들어가면 2층이 아닌 층고가 높은 1층 구조이다. 2층의 높이 덕분에 국내에서 가장 큰 소조 아미타여래 삼존불을 조성하여 모시고 있기도 하다. 건물 현판은 여기서 주석한 생육신 김시습이 불가에 귀의하여 설잠스님으로 계실 때 쓴 것이다.

한겨울의 추위가 매섭던 어느 날, 부여의 고즈넉한 천년 고찰 무량사를 찾았다. 부여 8경 중 하나로 사계절 어느 때에 방문해도 아름다운 숲이 항시 반겨주는 곳이고, 부여읍에서도 가까우며 여유로이 산책하면서 힐링하기에 좋은 곳이라는 지역 안내 지도의 설명을 읽어보고 사찰로 향했다.

무량이란 '시간도 지혜도 세지 않고 도를 닦는 곳'이란 의미로, 근처 마을 이름도 무량마을이다. 무량사 일주문을 지나면 통일신라 말에 범일 국사가 처음 창건한 무량사의 넓은 옛 터가 나오는데, 규모가 실로 대단하여 임진왜란 이전에는 도량이었음을 미루어 짐작할 수 있다. 지금의 무량사는 실개천을 따라 더 깊은 곳 맞은편에 위치하고 있다.

오래된 기둥이지만 그 고고한 자태를 지키며 서있는 일주문(광명문)을 배경으로 수령이 수백 년은 족히 넘었을 아름드리 느티나무 숲이 우거져 있다. 무량사로 들어가려면 극락교라는 다리를 건너게 되는데, 다리 옆으로 사찰의 역사를 말해주는 사적비와 공덕비가 늘어서 있다. 극락교를 지나면 천왕문을 통해 경내의 풍경을 살풋 엿볼 수 있는데, 마치 한 폭의 풍경화가 액자에 가득 차 있는 듯 한 모양새다. 절묘하게 가지가 늘어져 멋들어진 풍경을 연출하는 거대한 느티나무와 소나무들 뒤로 신라시대의 석등과 고려시대의 5층 석탑 그리고 조선시대에 진묵 대사가 새로 지은 무량사의 주불전인 극락전이 일직선으로 한눈에 들어오는데 시대적 흐름이

하나로 이어지는 절묘한 웅장함에 입이 다물어지지 않는다. 12월의 눈이 소복이 쌓여 설경의 운치를 더해준다. 이 자리의 감흥을 담아 가느다란 펜선으로 공력을 담아 그려 보았다.

무량사의 중심 불전인 극락전은 우리나라에는 흔히 볼 수 없는 백제 양식 중 2층 구조의 전각인데 내부로 들어가면 2층이 아닌 층고가 높은 중층 구조이다. 건물의 높이 덕분에 국내에서 가장 큰 소조 아미타여래 삼존불을 조성하여 모시고 있기도 하다. 천정에는 차안에서 피안으로 인도하는 반야용선도가 장엄하여 눈길을 사

▲ 무량사 영산전 Pen drawing on paper, 45×38cm 부여 무량사의 영산전은 단아한 맞배지붕의 전각으로 아담한 편인데 눈에 덮인 경치에 반해 종이에 펜으로 설경을 그렸다.

로잡는다. 현판은 설잠 스님이 쓴 것으로 그의 흔적을 느낄 수 있었다. 극락전 옆에서 있는 배롱나무가 마치 스님이 짚으셨을 주장자같이 느껴져 새삼 정겹다.

극락전 마당 옆의 지장전을 제외한 대부분의 전각이 극락전 서편 요사채인 우화궁을 끼고 우측 평지에 배치되어 있다. 우측에 자리 잡고 있는 영산전은 석가모니 부처님이 영축산에서 500제자들에게 설법하시던 영산회상도가 그려져 있다. 독특한 석탑과 햇살에 빛나는 작은 전각이 취한 판벽 구조의 간결미에 심취해 한참을 바라보다가 눈과 햇살 그리고 그림자가 어우러진 이 장면을 작품에 담기로 했다.

영산전 오른편에는 천수천안관세음보살을 모신 원통전과 영정각이 나온다. 무량사는 시대의 불의와 타협하지 않고 한평생 올곧은 지조를 지키다가 굴곡진 삶을 마감한 생육신이었던 매월당 김시습으로 더 잘 알려진 설잠 스님의 체취가 느껴지는 곳이다. 영정각은 비단에 그린 반신상의 '매월당 김시습'의 영정이 모셔져 있다. 김시습의 영정은 조선시대 패랭이 모자를 쓰고 있는 야복 초상화 중 걸작이라는 점에서 가치가 높아 문화재로 지정돼 있다. 초상화는 인물의 내면을 담아야 걸작이라 한다는데 부릅뜬 눈에서 그의 곧은 정절과 기개가 느껴진다. 개울 너머로는 삼성각과 청한당이 나란히 있다. 설잠 스님의 호인 '청한자(淸寒子)'의 이름을 딴 '청한당(淸閒堂)'은 스님이 주석했다가 입적한 곳으로 단청이 없고 현판의 글씨가 예사롭지 않다.

다시 발길을 돌려 일주문에서 왼쪽 길로 다리를 건너면 무진암 입구에 '五歲 金

▲ 영정각에 모셔진 설잠 스님 초상 pen drawing on paper, 19×25cm

時習之墓'라고 적혀있는 스님의 부도탑이 있다. '오세'라는 호칭은 세종대왕이 신동이라 불리는 스님의 어린 시절 글솜씨를 칭찬한 일에서 연유되었다고 한다. 설잠 스님이 입적한 후 곧바로 다비를 하지 않고 매장한 뒤 3년 후에 관을 열어보니 생전 모습과 조금도 다르지 않았다고 한다. 이를 본 스님들이 성불한 선지식으로 여겨 다비를 한 뒤 부도에 모셨다는 설화가 전해져오고 있다.

왕위 찬탈 과정에서 사육신을 처형한 뒤 임금이 된 세조를 비판하며 불문에 귀의한 후 평생을 은둔한 천재 시인 '매월당 김시습'으로 더 알려진 설잠 스님. 옳지 않은 일에는 타협하지 않는 정신이 요즈음을 살아가는 우리에게 깊은 울림을 주고 있다는 생각에 잠기며 무량사 기행을 마쳤다.

Kimyoosik

11편

남원 지리산 실상사

▲ 실상사 전경 Pen drawing on korean paper, 74×45cm 염색한 한지 20호 크기에 그리기 위해 남원 현지답사에서 담은 구도로 작업한 작품이다. 거대한 석등과 완전한 형태를 갖춘 쌍 석탑이 어우러진 곳, 보광전인데 철로 만든 약사여래불을 모시던 전각인 듯 한데 현재는 아미타 삼존불을 모시고 있다.

열한 번째 말사 기행의 목적지는 남쪽 지방으로 정하고 여행을 떠났다. 가족과 함께 남도 여행을 계획하며 순창 강천사를 거쳐 남원 실상사를 둘러보기로 하였는데 춘향의 이야기가 전하는 광한루에서 점심을 하고 실상사로 향했다. 생각보다 멀어서 행정구역만 남원이지 거의 경상도 경계에 위치한 꽤 깊숙히 들어간 곳에 위치하고 있었다.

남원 실상사는 신라 증각 대사가 개창한 유서깊은 9산선문 도량 중에 한 곳으로 지리산 정기를 받은 평지에 세워진 실상산문의 최초 가람이다. 9산선문으로는 가지산문 보림사(장흥), 실상산문 실상사(남원), 동리산문 태안사(곡성), 희양산문 봉암사(문경), 봉림산문 봉림사(창원), 성주산문 성주사(보령), 사굴산문 굴산사(강릉), 사자산문 흥녕사(현 법흥사 영월), 수미산문 광조사(북한 해주) 등이다. 선풍이 휘날리는 그 시절에는 각 산문 별로 선가에 큰 위상을 떨쳤다 한다.

천년 전의 모습을 떠올리게 하는 석탑과 석등이 인상적인 사찰로 철조약사불의 기도가 영험한 남원 실상사를 찾은 시기는 여름이 한창인 7월이었다. 지리산 천왕봉과 반야봉을 배경으로 평지에 자리잡아 다른 산사들과는 다른 넉넉함이 있었다.

지리산 봉우리에서 흘러내린 물이 흐르는 만수천을 끼고 평지에 펼쳐진 오랜 건축의 향기가 배어 나오고 있었다. 사찰로 진입하려니 만수천 위에 놓여진 해탈교를 차로 지나서 가야 했다. 다리를 건너자마자 돌장승이 버티고 서 있어 잡귀들로부터 사찰을 지키는 듬직한 장정들 같다는 생각이 든다. 평지 사찰이다 보니 일주문은 안보이고 바로 천왕문이 사찰경내로 들어가는 입구의 역할을 하는 듯하다. 천왕문을 경계로 사찰 내부가 얕은 기와 담장으로 둘러쳐져 있는 점이 다른 산사와의 차이가 아닌가 싶다.

▶ 실상사 석등 Pen drating on oaoer, 28×38cm 실살사 석등은 크기가 5m나 되는 보기 드물게 거대한 크기로 불을 밝히기 위해서 필요한 받침돌이 보여 그림으로 담아 보았다.

넓은 평지에 아담한 전각들이 띄엄띄엄 세워져 있어 예전의 화려함을 되찾지 못하고 있다는 것을 한눈에 알아차릴 수 있다. 그럼에도 오히려 소박함과 고상함을 두루 갖춘 절집이라는 인상을 받았다. 경내에 들어서며 보는 첫 장면은 쌍탑으로 불리는 제법 웅장한 삼층 석탑이 눈에 들어오고 뒤에 자리 잡은 아담한 보광전의 고즈넉한 풍경이 눈에 들어온다. 보광전 앞에 거대한 높이의 석등이 눈길을 끈다. 높이는 한 5m쯤 되는데 이렇게 큰 석등을 마주하는 것은 처음이었다. 저기에 어떻게 초를 켜나 하고 살펴보니 역시 계단이 설치되어 있다.

실상사 삼층 석탑은 아주 균형있게 동서로 마주하고 있는데 신라시대 창건 당시 양식을 보여 주는 탑이라 한다. 대부분 현존하는 탑의 머리 장식이 이후 시대 것인 경우가 많은데 온전히 잘 보존되어 있어서 석탑이 주는 감흥이 예사롭지 않았다. 주불당을 중심으로 쌍석탑과 석등이 보이는 구도가 이 사찰을 잘 드러낸다는 생각이 들었고 이리 저리 살펴봐도 최고의 시그니쳐 풍광이라서 바로 결정을 했다. 고고함을 갖춘 모습을 잘 재현하기 위해서 염색된 한지에 그리기로 정했고 펜 선으로 섬세하게 다듬는 작업에 모든 심혈을 기울였다. 왼편의 석탑 뒤로 잘생긴 소나무와 뒤편의 전나무들이 어우러져 화면을 조화롭게 아름다운 풍광을 드러내어 운치를 더했다.

실상사는 대한불교 조계종 제17교구 금산사의 말사로 국보 1점과 보물 11점을 보유한 문화재 최다 보유 사찰이다. 그야말로 보이는 것 모두가 보존 가치가 탁월한 유구한 문화유산의 보고다. 실상사의 창건 유래를 살펴보면 신라 흥덕왕 때 증각

▶ 수철 화상 능가탑 Pen drawing on paper, 30×40cm 실상사에는 독특한 부도탑 형식의 석탑이 보이는데 고고한 세월을 견뎌온 8각 형태의 부도탑이다.

대사 홍척 스님이 당나라에 유학했다가 귀국해서 현 위치에 세운 절로 우리나라 9산선문 중의 한 곳이다. 정유재란 때 왜구에 의한 화재로 전소된 이후 중건한 것이라 한다.

실상사 주 법당 보광전도 고종 때 월송대사가 세운 전각이라 하는데 목조에 단청도 퇴색하여 고고한 멋을 자아낸다. 그런데 법당 내부를 살펴보니 아미타여래와 협시보살은 입상으로 관세음보살과 대세지보살이 모셔져 있는 삼존불상이 있었다. 그런데 왜 현판이 보광전인가. 약사사여래불을 모신 전각의 이름인데 추측하건대 아마도 보광전에 모시던 약사여래불을 별도의 전각에 모신 이후에도 현판을 그대로 둔 것이 아닐까 생각된다.

보광전의 오른편에는 약사전이 자리하고 있었고 전각 안에는 통일신라시대 조성된 철로 만든 철조 약사여래좌상이 위엄 있는 모습으로 모셔져 있었다. 철로 만든 약사불은 처음 친견하는지라 신비한 경험이었다. 약사불의 근엄한 상호를 바라보며 어머님과 가족들의 건강을 빌면서 약사전을 나섰다.

실상사는 넓은 절터에 전각이 많지 않은 것만 보아도 거대한 규모였지만 예전의 모습을 다 찾지는 못했다는 걸 짐작케 한다. 그나마 다행히도 조선말 재건한 사찰이 한국전쟁 중에도 피해를 입지 않아 그나마 조선시대 재건된 모습을 감상할 수 있어 참으로 다행이라는 생각이다.

국립부여문화재연구소의 노력으로 절터 인근을 발굴해 나온 기와로 인해 당시 사찰의 모습을 추정할 수 있을 뿐인데 출토된 기와로 탑을 쌓아놓아 예전의 영화를 가늠해 볼 수 있었다. 빠른 시간내에 절의 옛 모습이 되살아나길 바라면서 문화재 당국의 지속적인 관심이 이어지질 기대해 본다.

모든 석물이 오래되어 옛 향기를 느낄 수 있어 특히 좋았는데 독특한 부도탑 형식의 석탑이 돌아보는 발길을 멈추게 했다. 고고한 세월을 견뎌온 8각 형태의 탑의 모습을 바라보며 매력에 흠뻑 빠졌다. 이 탑은 수철 화상의 사리를 모셔 놓은 사리탑이라 한다. 수철 화상은 신라 후기의 스님으로 본래 심원사에 머물다가 후에 실상사에 들어와 실상산문을 연 증각 대사에 이어 이 절의 두 번 째 창건주가 되었다 한다. 스님 입적 후 진성여왕이 그의 시호를 '수철 화상'이라 내리고, 탑 이름을 '능가 보월'이라 하였다 한다. 세월의 흔적을 펜으로 담아 보려 애썼다.

인근 부속 암자인 백장암에는 또 하나의 국보인 삼층석탑이 있다. 시간상의 제약만 없다면 부속 암자도 두루 살펴볼 수 있을 텐데 아쉬움을 달래며 다음으로 미루기로 했다. 돌아올 때는 함양이 더 가깝다는 사실을 알게 되었다. 돌아오는 차 안에서도 동서 삼층석탑과 보광전의 조화로운 모습을 그림으로 담을 생각과 철조 약사여래불의 미소가 뇌리에서 가시질 않는다.

Kimyoosik

12편

서울 삼각산 진관사

◀ 진관사 해탈문 Pen drawing on paper, 28×38cm 은평 한옥마을을 지나면 바로 들어갈 수 있어 접근성이 좋은 삼각산 진관사는 극락교 뒤에 해탈문이 있는데 바로 뒤부터는 바로 당우들이 이어진다. 이 사찰은 한여름에도 시원한 바람이 부는 위치에 자리하는데 입구는 매력적인 소나무들이 구불구불하여 운치를 더한다.

열두 번째 말사 기행은 다시 수도권으로 정했다. 5월 맑은 날 가족과 함께 은평 한옥마을을 지나 진관사로 향했다. 겸재 정선의 '인왕재색도'를 보는 듯 삼각산 암석으로 이루어진 진경산수를 배경으로 초록의 싱그러움을 만끽하며 송추로 드라이브 가는 길 우측으로 들어섰다. 수 많은 휴식 인파가 진관사 초입의 계곡에 북적인다. 주말이라 그런가 주차에 힘이 들 정도였다.

주차장에서부터 잘 정비된 길을 따라 잘생긴 소나무들이 좌우로 늘어서 있는데 진정 대자연을 정원 삼은 듯 자리한 이곳의 매력에 푹 빠져들게 한다. 길가에 핀 봄꽃과 하얀 불두화가 봄이 깊어짐을 노래한다. 길을 따라 '삼각산 진관사'라는 현판을 단 일주문이 나오고 소나무가 우거진 길을 걸으며 마음속의 번뇌를 버리고 가다 보면 다리 건너 해탈문이 보인다. 지금 걸어온 길은 불교계 독립운동가인 백초월 스님을 기리는 '백초월길'이라 부른다 한다. 마침 햇살이 좋아서 해탈문 뒤로 소나무들이 용트림을 하듯 하늘로 솟아오르는 모습에 잠시 눈을 빼앗겼다. 이 장면이 짙은 인상을 주는지라 펜화로 담기로 했다.

서울 삼각산(북한산) 서쪽에 자리한 진관사는 서울 4대 명찰로 꼽히는 곳이자 삼각산 3대 사찰로 꼽힌다. 사찰의 유래를 살펴보면 신라 진덕여왕 때에 처음지었다는 유래가 있기는 하지만, 고려 초 이곳은 '진관'이라는 스님이 홀로 수행하던 '신혈사(神穴寺)'라는 이름의 작은 암자였다고 한다. 고려 태조의 손자였던 대량원군(왕순,

▲ 진관사 대웅전 Pen drawing on korean paper, 33×24cm 앞의 석조계단은 대웅전 앞의 절 마당으로 오르는 계단으로 대웅전 옆에는 육영수 여사가 심었다는 50년 넘은 보리수 나무가 자라고 있다. 벌써 50년 전의 일인데 그래서인지 제법 자랐다.

후에 8대왕 현종으로 즉위)은 고려 태조의 왕자인 왕욱과 태조의 손녀(5대왕 경종의 왕비이기도 함) 황보씨 사이에서 태어난 고려 왕족이었는데 왕욱에 이어 자신을 보살펴 주던 외숙부 6대왕 성종이 병사하고 사촌 개령군이 7대왕 목종으로 즉위하자 더욱 신변이 위험해 졌다.

모후 천추태후는 목종이 즉위한 뒤 성년이 되어도 섭정하는 등 나라의 실권을 쥐었고 외척인 김치양과 간통하며 사이에서 낳은 아들에게 왕위를 잇게 할 생각이었

다. 그런 천추태후에게 대량원군의 존재는 영특하다는 소문도 있는 데다 굉장히 부담스러운 존재였으므로 위협감을 느꼈는지 출가시켜 버렸다.

그 뒤에도 대량원군은 몇 번이나 생사의 위협을 당했지만 다행히도 주지인 진관 스님이 위험을 무릅쓰고 수미단 아래에 굴을 파서 숨겨 보호하였던 덕분에 간신히 목숨을 보전할 수 있었다. 그 후 강조의 정변으로 고려 8대왕으로 등극한 대량원군 현종은 자신의 목숨을 구해 주었던 진관 스님에 대한 고마움의 표시로 신혈사를 큰 절로 증축해 주었고 '진관'의 이름을 따서 절 이름도 진관사라고 붙였다고 한다. 그래서인지 이 일대의 지명도 이 이름을 딴 진관동이다.

하지만 진관사는 한국전쟁 때 나한전, 칠성각, 독성전만 남고 모두 소실되었다. 1963년 부임한 비구니 최진관 스님에 의해 비구니 수행도량으로 자리매김하면서 당우를 차례로 재건하여, 현재에는 대웅전을 비롯한 명부전, 홍제루, 적묵당, 종각, 선원, 대방, 나가원, 함월당 등을 갖추게 된 것이라 한다. 이렇듯 진관사의 역사는 진관 스님과 인연이 깊은 사찰이다.

홍제루를 기준으로 본당으로 가기 전에 크고 작은 당우들이 즐비한데 '산사음식연구소'가 자리하고 있다. 진관사가 자랑하는 사찰음식은 '최고'라는 평가를 받는다. 진관사 회주인 계호 스님은 2017년 '조계종 사찰음식 명장'으로 지정돼 사찰음식을 널리 전하고 있다. 미국 대통령의 영부인 질 바이든 여사도 당선 전이지만 2015년에 진관사를 방문하여 사찰음식을 체험하고 간 적이 있다고 하니 명성은 검증된 곳이다.

나한전 뒤편에 칠성각이 보이는데 2009년 칠성각 보수 당시 불단 뒤면에서 3·1 운동 당시에 일장기 위에 먹으로 그린 태극기와 조선독립신문 등이 발견되었는데 아마도 불교계의 독립운동가로 일경에 체포되기 전 백초월 스님이 숨겨 놓은 것으로 추정하고 있다고 한다.

진관사가 유명한 것은 '국행수륙대재' 때문이기도 하다. 조선왕조실록에 수륙대재의 설행기록이 나타나는 등 근본 도량이었음이 확인된다. 600년 넘게 전통이 이

▲ 진관사 대웅전 Pen drawing on korean paper, 56×38cm 대웅전과 명부전을 배경으로 아름답게 오월에 작약이 핀 모습을 종이에 펜으로 그렸다. 북한산을 배경으로 세워진 이 절은 대량원군을 보호한 진관 스님을 기려 명칭도 바뀐 곳이고 수륙대제를 전승하는 사찰로 사찰음식연구소를 운영하는 비구니 스님들이 계신 곳이다.

어지고 있어 역사성과 물론 예술성이 높은 의식이다. 지금도 매년 수륙대재를 봉행하여 물과 육지를 떠도는 영혼과 아귀에게 공양하는 국가 불교 의례를 치르고 있는 유명사찰이다. 재차 중 수륙연기가 특징이며 경제 어산이 의례를 담당한다. 음악인 범패와 무용인 작범무가 불교예술이 총망라된 의례로 다양하고 화려하게 꾸며지며, 진관사 수륙재학교를 중심으로 전승 활동이 활발하게 이루어지고 있다.

오늘날까지도 진관사 수륙대재는 국가무형문화재로서 해마다 음력 9월에 거행되고 있다고 하니 서울 근교에 이만한 명찰이 또 있으랴. 이렇듯 사찰 기행을 통해 얻는 역사 문화에 대한 지식도 쌓이고 불심을 닦게 되니 참으로 즐거운 일이 아닐 수 없다. 8월 말에 시작하여 7.7.재로 10월 둘째 토요일에 회향한다고 하니 시간 내어 한번 들려 보아도 좋을 듯 하다.

13편

해남 달마산 미황사

▲ 달마산 미황사 전경 pen drawing on paper, 74×40cm 커피로 종이 바탕에 고풍스런 멋을 낸 20호 크기의 딥펜과 먹으로 미황사와 달마산 병풍에 펼쳐진 파노라마 구도를 담고 반야심경을 기도하는 마음으로 하단에 적었다.

열세 번째 말사 기행은 한반도에서 가장 남단에 위치한 사찰 해남 미황사로 정했는데 서울을 기준으로 할 때 제일 먼 곳에 있어 큰맘 먹고 가기로 했다. 예전에 가보았으나 친구가 해남에 살기도 해서 취재차 펜화 기행을 떠났다.

절 뒤편의 산세가 아름다운 달마산이 품은 미황사는 달마 대사 이야기가 전해지는 수수한 절로 한반도의 끝 해남 땅에 자리 잡고 있다. 불교의 해로(海路) 유입설을 전하는 남도의 아름다운 사찰 미황사를 둘러싼 병풍 같은 달마산 자락은 '남도의 금강산'으로 불려도 손색이 없을 정도로 아름답다.

미황사 입구에서 시작되는 동백 숲은 달마산 중턱까지 멋진 숲길을 만든다. 겨울에 피는 동백으로 인해 짙푸른 잎새와 붉은 꽃잎으로 꽃길이 된다. 동백은 바로 떨어진 꽃을 바라보는 멋이다. 동백은 꽃잎이 분리되지 않고 송이채로 떨어져 숭고한 사랑을 의미하기도 한다. 미황사는 천년고찰로 달마산을 병풍 삼아 산 중턱 비교적 낮은 북쪽에 자리 잡고 있는데 달마산과 깊은 인연을 가지고 있다. 신라 경덕왕 때 의조 스님이 지역민과 함께 인도에서 경전과 불상을 싣고 오는데 배가 사자포구(지금의 갈두리)에 닿았고 소 등에 경전과 불상을 싣고 오다가 느닷없이 한 번 크게 울면서 누운 자리가 바로 절터라고 여기고 그 자리에 미황사를 세웠다고 전해진다. 또 다른 설에 의하면 옛날에 인도를 출발하여 중국을 거쳐 신라에 불교를 전파하러 온 낯선 이방인이 뭍에 오른 뒤 산으로 올라갔다고 하는데 땅끝마을 인근에 있는 산에 올라 자신을 석가모니의 28대 직계 제자인 '보리달마'라고 소개했고, 그 산을 달마산이라 이름 지었다 전해 진다.

▶ 달마상 pen drawing on korean paper, 28×35cm 염색한지에 펜으로 작업한 사찰 입구의 달마상으로 사찰의 창건 설화와 관련 깊은 분이다.

그 전설을 상징적으로 보여주듯 사찰 입구에는 중국 선종의 시조가 되었다는 달마상이 참배객을 반겨준다. 부리부리한 눈매의 달마대사가 가던 발길을 멈추게 한다. 펜화로 모습을 담아 보며 이 절의 창건과 관련한 설화를 생각하는 시간을 갖게 되었다.

미황사는 한 때 두륜산 대흥사보다 큰 세력을 가지고 있었다고 하는데 정유재란 때 승병을 일으켜 왜구와 혈투를 벌이다 피해를 입어 세력이 약화 되었고 지금은 대한불교 조계종 제22교구 대흥사의 말사이다. 미황사가 있는 달마산은 수려한 산세를 자랑하며 '남도의 금강산'이라 할 만큼 기암괴석이 병풍처럼 두른 바위 능선이 참으로 멋진 곳이다. 요즈음은 주변의 트레킹 코스를 잘 개발하여 '달마고도'라고 부른다.

미황사에서 바라보는 낙조는 참으로 일품이라 오후에 사찰에 들르는 것도 하나의 팁이다. 입구의 일주문은 가로쓰기 현판이어서 이채롭고 현대적이란 느낌도 든다. 천왕문과 자하루를 거쳐 대웅전에 이른다. 미황사라는 명칭의 '미(美)'는 소의 울음소리가 아름다워서 따온 것이고, '황(黃)'자는 금의 색을 따온 것이라 한다.

미황사의 대표적인 모습은 멀리서 달마산을 배경으로 대웅전과 주변 당우가 들어오는 파노라마처럼 펼쳐지는 경관(View)이다. 여기에서 발길을 멈춘다. 대웅전은 단아한 편으로 웅장하지도 않고 단청이 없어 화려하지도 않으나 매우 기품 있는 모습이다. 대웅전은 보길도에서 가져온 느티나무로 지었다고 전해지는데 그래서인지 더욱 바다향이 느껴지는 것일까. 다른 견해로는 석양의 빛이 대웅전에 드리우면 마치 단청을 한 듯한 착각을 일으키기에 굳이 단청하지 않는다는 설도 있다. 대웅전 안을 들여다보니 천장은 우물 정(井)자 모양으로 조성해 놓았는데 가운데에 산스크리트어가 쓰여져 있고 천불도가 조성돼 있어 세심히 보게 된다.

기둥 밑의 주춧돌도 예사롭지 않다. 평범한 돌이 아니고 자라와 게 등이 새겨져 있어 바다에서 비롯된 창건 설화와 관련이 있음을 짐작하게 한다. 최근 대들보의 안전 문제로 해제 보수하고 있는데 그 이전에 볼 수 있었음이 다행이기도 하다. 대웅전 앞마당에는 긴 석조가 있고 약수가 있어 방문객들이 한 모금씩 마실 수 있다. 대웅전과 주변 전각 그리고 달마산을 품은 풍경은 그야말로 압도적인 모습으로 작품으로 옮길 수 밖에 없었다.

미황사 뒤 달마산을 향해 올라가 본다. 사자봉에는 '토말(土末)'이라고 쓰여진 비석이 있는데 무슨 뜻인지 물어보니 우리나라 육지의 끝인 '땅끝'을 표시한 것이라고 한다. 미황사의 볼거리는 대웅전과 각양각색의 해양생물이 새겨진 부도전이다.

미황사에 간다면 달마산의 서쪽 정상 도솔봉 부근의 바위 위에 있는 '도솔암'을 꼭 들려 보기를 권한다. 당초 이곳은 미황사를 창건한 의조 스님이 도를 닦으며 낙조를 즐겼던 자리라고 한다. 이 암자에 진달래 필 때 간다면 아름다움은 더욱 배가 된다. 돌로 쌓은 담장 안에 있는 암자를 펜으로 그려본다. 여기서 며칠 쉬어가면 어떨까 하는 생각이지만 작은 암자이니 맘에만 품어본다.

암자 밑에는 어른 4명이 들어갈 수 있는 굴에 있는 용담이라는 샘이 있는데 일년 내내 마르지 않고 맑은 물이 고인다고 한다. 도솔암 앞에는 스님이 수도를 하고 있는 듯한 모습의 바위와 신선들이 바둑을 두고 놀았다는 신선암이 있다. 미황사

방문 후에는 땅끝마을과 명량이라 불렸던 울돌목도 가 보시라. 우리의 가슴에 잠들어 있는 감성을 일깨우는 다도해에서의 일몰도 지친 일상을 잊게 해주는 활력소가 될 것이다.

◀ 달마산 도솔암 pen drawing on paper, 33×24cm 달마산의 서쪽 정상 도솔봉 부근의 바위 위에 있는 도솔암은 미황사를 창건한 의조 스님이 도를 닦으며 낙조를 즐겼던 자리라고 하는데 이 암자에 진달래 필 때 장면을 종이에 펜으로 그린 작품이다

14편

천안 광덕산 광덕사

▲ 천안 광덕사 대웅전과 명부전. Pen drawing on paper. 56×38cm. 대웅전은 맞배지붕의 5칸 건물로 화려하지 않은데 법당 안에는 석가모니불, 약사여래불과 아미타불을 봉안하고 있다. 옆의 명부전은 지장보살을 모신 전각으로 당간지주도 명부전 앞에 세워져 있는 것을 보면 이 절이 명실상부한 지장도량임을 알 수 있다.

열네 번째 말사 기행은 비교적 수도권과 가까운 천안 명물 호두이야기를 전하는 광덕사로 정했다. 사실 공주 마곡사를 가는 길이었는데 태화산이 같은 지명이어서 네비게이션이 오류를 일으켜 광덕사로 안내하는 신묘한 경험을 하고 광덕사를 취재하기로 마음을 정했다.

광덕산(태화산) 자락에 위치한 천년고찰이며 우리나라 3대 지장 도량으로 알려진 광덕사는 400년 된 호두나무 자라는 호두나무 시배지로 유명한 곳이다. 광덕산은 충남 천안시와 아산시 사이에 있는 산세가 수려하고 숲이 우거진 명산이다. 광덕사의 일주문에는 '태화산 광덕사(泰華山 廣德寺)'라는 현판이 보인다. 공주 마곡사가 있는 태화산과는 이름만 같다. 일주문이 보이는 풍경도 숲이 우거져 있는 모습과 500년 된 느티나무가 어우러져 제법 운치가 있는 사찰로 지장기도를 많이 다니는 불자들은 이 도량에서 기도를 해보는 것도 좋을 듯 하다.

일주문을 들어서서 뒤돌아보니 '호서제일선원(湖西第一禪院)'이라는 현판이 눈에 들어온다. 예전 광덕면 일대에 토지를 대부분 소유할 정도로 컸던 사찰의 위용과 위상에 대한 자부심이 엿보인다. 일주문을 지나면 길이 갈라지는데 부속 암자인 안양암과 광덕사로 나누어진다. 잠시 안양암에 들러보니 수려한 팔작지붕의 극락전이 보인다. 다시 발길을 돌린다. 지금의 광덕사는 사찰이 옛 모습을 대부분 잃어버렸으나 재건을 통해 현재의 모습을 유지하고 있다. 이곳은 계절에 관계없이 많은 사람들이 찾아오고 있는 곳이다.

절 마당으로 들어가기 전 광덕사라는 현판이 걸린 보화루 입구 계단 옆에 심어져 있는 호두나무가 눈에 띈다. 고려시대 충렬왕 때 '영밀공 유청신' 선생이 원나라에 갔다가 임금의 수레를 모시고 돌아올 때 어린 호두나무를 가져와 광덕사 안에 심고, 열매는 선생의 고향 집 뜰 앞에 심었다고 전해진다.

지금의 나무가 그 때 심은 것인지의 정확한 근거는 없는 듯 하다. 시기적으로는 700년 전이니 이 나무는 나이가 약 400살 정도로 추정되기 때문인데 아마도 그 후손일 것으로 추정하고 있다. 광덕사는 호두가 전래된 시초가 됐다고 전해지고 천안을 호두나무 시배지(처음 심은 곳)로 부르고 있다. 호두(오랑캐의 복숭아라는 뜻)나무는 중국이 원산지이며 양지바른 곳에서 잘 자란다. 광덕사 호두나무는 높이는 18m이며, 두 개 줄기로 갈라져 있는데 가슴높이의 둘레가 각각 2.5m 정도되는 거대한 나무이다. 이 호두나무는 오랜 세월 동안 보살핌 가운데 살아온 나무로서 가치가 높아 천연기념물로 지정해 보호하고 있다. 세월을 담은 거대한 호두나무의 흔적을 보는 순간 압도되어 보화루 계단의 호두나무 전경을 펜화로 담기로 했다.

광덕사는 조계종 제6교구 본사 마곡사의 말사다. 신라 27대 선덕여왕 때 자장 율사가 당에서 사리를 가져와 창건하고 흥덕왕 때 진산 대사가 중건한 절로 경기, 충청지방에서는 가장 큰 절이었다고 전해진다. 하지만 임진왜란으로 불타버려 그 이후 재건되었다 하는데 대웅전은 1983년 기존 건물을 해체 후 개축하여 그리 오래되지는 않아서인지 고고한 멋은 좀 덜한 편이다.

대웅전은 수덕사의 대웅전을 닮은 맞배지붕의 5칸 건물로 화려하지 않다. 법당 안의 주불은 석가모니불이고 약사여래불과 아미타불을 협시불로 봉안하고 있는데 마(麻) 위에 채색한 삼세후불탱화, 아미타회상도, 영산회상도가 화려하게 장엄되어 부처님의 세계를 한 눈으로 볼 수 있다.

고려 초기 작품으로 보이는 3층 석탑이 대웅전 앞에 자리하고 있는데 탑의 지붕 모서리가 부서져 있어 오랜 시간을 지나 풍화된 모습이다. 대웅전 계단 입구에는 돌사자가 있는데 풍화가 심해 알아보기 어려울 정도라 아쉽다.

대웅전과 나란히 있는 팔작지붕의 3칸짜리 명부전은 효령대군이 머물렀던 곳이기도 하다. 양녕대군의 폐세자로 인하여 후속 왕위 계승권자이나 동생 충녕대군의 자질을 인정하고 불가에 귀의한 효령대군의 번뇌가 숨 쉬는 곳으로 지장 기도를 올리던 중 사리가 늘어나는 광경을 목격하고 적어 왕에게 상소를 올리고 다시 절에 시주한 조선 사경(현재는 불교중앙박물관 소장)이 귀한 문화재로 전해지고 있다고 한다.

법당 안에는 명부 세계를 주관하는 지장보살님이 중앙에, 좌우로 문인 모습의 무독귀왕과 젊은 수도승인 도명존자가 협시를 이루고 있다. 건물 앞의 당간지주도 명부전 앞에 세워져 있는 것을 보면 이 절이 명실상부한 지장 도량임을 알 수 있다.

천불전 가는 길에 육환장과 여의주를 들고 있는 10m가 넘는 지장보살 석상과 5층 석탑이 말끔하게 세워져 있어 과연 이곳이 철원 심원사, 고창 선운사와 함께 우리나라 3대 지장 도량임을 알게 해준다. 보화루를 들어서서 바라본 두 건물의 모습은 서로 다른 건축 형식이지만 묘하게 잘 어울리는 것 같다. 절 마당에 들어선 순간이 장면을 펜으로 그리기로 맘속으로 정했다.

법당에서 바라보면 보화루 옆 비원의 정자 부용정 누각과 같이 팔각 형태의 지붕을 한 특이한 종각이 있어 눈길을 끌었는데 범종, 운판, 목어, 법고를 갖추고 있다. 이외에도 육화당, 적선당, 고경당, 자광당 등 당우들이 보인다.

주 법당에서 좀 떨어진 곳에 있는 천불전 가는 길의 화장교 앞에 세워진 마애 입불이 눈길을 끈다. 고즈넉하게 자리잡고 있는 천불전은 임진왜란 후 지어진 건물을 1973년 해체 복원한 것으로 옛 모습을 그대로 지녀 단청도 화려하고 멋진 건물이다. 모든 중생이 부처가 될 수 있다는 의미로 천불을 모신 곳으로 지권인을 하고 계신 비로자나불을 주불로 하여 아난존자와 가섭존자가 협시하고 있고 벽에는 수많은 부처님이 모셔져 있다.

효령대군의 숨결이 살아 숨쉬는 광덕사는 호두가 익어가는 가을에 다시 와보는 것을 추천한다. 울긋불긋 단풍진 가을에 다시 와서 이곳에서 삶의 번뇌를 털어 버리고 깊은 환희심을 느껴 보고 싶다.

◀ 천안 광덕사 보화루 앞의 호두나무. Pen drawing on paper. 38×53cm. 고려 충렬왕 때 유청신 선생이 원나라에 갔다가 돌아올 때 어린 호두나무를 가져와 광덕사 안에 심었다 하여 이 절이 호두나무 시배지로 불린다.

15편

기장 해동용궁사

▲ 해동용궁사 전경 Pen drawing on paper, 74×40cm 두 번째 펜으로 그린 20호 크기의 용궁사 전경으로 대웅전, 해수관음상, 사리탑과 석교 등이 웅장하게 해변가 암반에 세워진 절이다. 절의 입구에도 '우리나라에서 가장 아름다운 절'이라는 안내판이 걸려 있는 곳이다.(컬렉터 소장작)

열다섯 번째 말사 기행은 부산 여행을 가족과 같이 가기로 하면서 기장에 위치한 해동용궁사를 취재하기로 했다. 기암괴석 펼쳐진 보타산 해안가 관음 기도 도량으로 20여 년전부터 이름이 널리 알려지기 시작해 지금은 부산에서 유명한 관광 사찰로 안내판도 잘되어 있고 해운대역에서 버스로 가거나 승용차로 쉽게 찾을 수 있는 바다와 가장 가까운 사찰이다. 실제로 해수관음대불에서 앞을 바라보면 해동선원과 영월당 3층 석탑 너머로 펼쳐진 동해바다가 가히 아름답다. 해동용궁사는 양양 낙산사, 남해 보리암, 강화 보문사와 더불어 전국에서 많은 사람들이 찾는 대한민국의 대표적인 관음성지 중의 하나다.

사찰 입구에 석조 관세음보살상, 석조 십이지상들과 보리달마대사상 등 조형물들이 줄지어 서 있는데 방문객들이 기념사진을 찍는 모습이 눈에 띈다. 일주문 가는 길에 어부들의 안녕을 기원하는 7층 석탑이 나타난다. 탑의 이름이 '교통안전기원탑'이어서 바닷가 사찰의 특성을 반영한 것이라 여겨진다. 탑을 지나면 황룡이 기둥을 휘감고 있는 근사한 일주문이 나온다.

일주문을 지나면 장수 계단으로 불리는 108계단을 만난다. 절로 들어가는 길에는 번뇌하는 마음을 닦아 주는듯 단아한 계단을 걷다 보면 중간에 득남불이 보인다. 배를 만지면 아들을 낳는다 하여 배 부위에 까만 손때가 묻어 있어 많은 사람들의 절실한 바람이 느껴진다. 돌계단을 내려가면 마치 용궁으로 들어서는 듯한 느낌

▲ 해동용궁사 전경 Pen drawing on paper 56×38cm 이 작품은 해동용궁사를 그린 첫째 작품으로 필자가 사찰 펜화를 시작한 첫 작품으로 의미가 깊다.(컬렉터 소장작)

과 함께 바다를 마주하고 자리 잡은 해동용궁사를 만나게 된다. 계단을 내려가다가 보면 합격을 기원하는 학업성취불도 보인다.

용문석교를 건너기 전 좌측에 동해 갓바위 부처님으로 불리는 약사여래불을 모신 독특한 약사불전이 있는데 좌우에 200년 된 향나무 두 그루가 있다. 오른쪽에는 음향수라는 향나무, 왼쪽에는 양향수라는 향나무가 자라고 있어 부처님을 '쌍향수불'이라고도 부른다. 가족의 건강을 기원하며 진심으로 기도를 드리고 바닷바람을

음미하며 저 멀리 해동용궁사의 전경을 눈에 담아 본다. 눈앞에 펼쳐진 전경이 해동용궁사를 대표하는 최고의 경관이다. 여기를 펜화에 담기로 마음먹었다.

바다와 용암 위로 웅장하게 건설된 아치형의 용문석교를 건너서 절 마당으로 가게 되어 있는데 아기자기한 석상들이 눈에 띈다. 16나한상이 도열해 있고 여래 입상이 세워진 곳에 소원을 빌면서 동전을 던지는 곳도 있어 참배객 모두 소원을 빌어보는 모습이 눈에 띈다. 그리고 '우리나라에서 제일 아름다운 사찰'이라는 안내판이 걸린 '만복문'의 계단을 올라 경내로 진입하게 되면 황금빛 복돼지 두 마리가 웃으며 반기고 커다란 황금빛 포대 화상이 넉넉한 웃음으로 방문객을 맞는다.

이 절은 1376년 고려시대 우왕 때 나라에 기근이 심해 민심이 흉흉하였는데 나옹화상 혜근 스님이 분황사에서 수도하던 중 꿈에 용왕이 나타나 봉래산 자락에 절을 지으면 나라가 평안할 것이라 하였다. 이에 절을 짓고 보문사라 한 것이 유래라고 한다.

이후 임진왜란을 맞아 사찰 건물이 모두 불탔다고 하며, 1930년대 초 운강 스님이 중창하고 1974년 정암 스님이 이 절의 주지가 되어 관음 도량으로 복원할 것을 발원하고 백일기도를 하였는데, 꿈에서 흰옷을 입은 관세음보살이 용을 타고 승천하는 것을 보고 산이름을 보타산, 절 이름을 해동용궁사로 바꾸었다고 한다. 최근에는 대한불교조계종 제19교구 본사인 화엄사의 말사로 등록하였다.

바다를 바라보며 자리잡은 대웅보전은 정암 스님이 중창하였다 하는데 대웅보전 앞에 3m 높이의 거대한 바위가 있었으나 한국 전쟁 때 해안경비를 위해 파쇄하였다고 한다. 스님이 돌들을 모아 4사자 3층 석탑을 그 자리에 세우고 스리랑카에서 가져온 불사리를 봉안하였다고 한다. 대웅보전 마당에는 '용궁사'를 상징하듯 거대한 비룡이 여의주를 품고 있다. 마당에 있는 작은 전각 관불대에서 아기 부처를 목욕시키는 의식을 통해 자신의 번뇌를 씻어내는 모습을 보고 따라서 해본다. 관불대 옆 지하로 가는 계단에 '신비한 약수'를 마실 수 있다. 좋은 일이 생긴다 하니 일단 한 모금 마셔 보았다.

대웅보전 옆에는 와불을 모신 광명전도 둘러볼 일이다. 원통문 가기 전에 굴법당이 보이는데 명칭은 미륵전이다. 창건 당시부터 있었다는 석조미륵좌상이 봉안되어 있는데 자손이 없는 사람들의 기도를 들어준다 하여 득남불이라고도 한다.

대웅보전의 좌측에 삼성각 대신 용왕을 모시는 용궁단이 있고 원통문을 통해 계단을 오르면 10m 높이의 단일 석재로 제작된 해수관음대불이 바다를 향해 자비로운 미소를 짓고 계신다. 진심으로 기도를 하면 누구나 꼭 현몽을 받고 한 가지 소원을 이루는 영험한 곳으로 유명해서인지 기도를 드리는 분들이 많다. 이 절을 대표하는 해수관음대불을 그리기로 했다. 펜화를 그리면서 받은 느낌은 매우 아름답게 잘 조성된 석상이라서 다시 한번 감탄했다.

해수관음대불에서 정면을 바라보면 해동선원과 영월당 그리고 3층 석탑 너머 배

◀ 해수관세음 보살상 Pen drawing on paper, 74×45cm 해수관음상은 10m 높이의 단일 석재로 제작되었는데 바다를 향해 자비로운 미소를 짓고 있는 모습이다. 진심으로 기도를 하면 누구나 꼭 현몽을 받고 한 가지 소원을 이루는 영험한 곳이라 하니 한번은 기도 드리러 가볼만 하다.

경으로 펼쳐진 동해의 파도와 바위들의 자연스런 모습이 가히 아름답다. 걷기 운동을 하는 여행자들은 해파랑길이 2코스에 포함되어 많은 여행자들의 발길이 끊이지 않는다. 해가 제일 먼저 뜬다는 일출암으로 발길을 옮겨 보았다.

바다를 등지고 앉아 계시는 금빛 지장보살상이 인자한 모습으로 중생을 구제하시겠다는 원력으로 굽어보신다. 해동용궁사에서 소원을 빌고 나서 푸른 바다를 보러 나가 해파랑 둘레길의 산책코스가 펼쳐지는데 여기를 걸으며 아름다운 사찰에서 받은 감흥을 되새길 수 있었다.

KimYooSIK

16편

서산 간월암

▲ 간월암 설경 Pen drawing on paper, 56×38cm서산 간월도에 있는 간월암은 하루에 두 번 육지가 섬이 되는 데, 썰물 때는 뭍이 되어 암자를 섬으로 만드는 매력 있는 곳이다. 간월도 전체를 상징하는 작은 암자로 고려 말에 이성계의 왕사였던 무학 대사가 수행하던 중 달을 보고 깨달음을 얻은 데서 유래한 이름이 바로 간월암(看月庵)이다. 종이에 펜으로 작업하였다.

열여섯 번째 말사 기행은 꽃지 해수욕장 가는 길에 항상 보면서도 물때를 맞추지 못해 갈 수 없었던 서산 간월암으로 정하고 간조 시간대에 맞춰 도착했다.

눈앞에 있는 절이지만 만조에는 들어갈 수 없는 작은 섬에 자리한 간월암, 달빛 너머 관세음보살 미소 벙그는 '피안사'로 하루 두 번 섬이 되는 독특한 절이다. 무학대사가 달을 보고 깨달음 얻은 관음성지로 만조 시에는 절이 두둥실 떠 있는 듯하고 간조 시에는 육지와 맞닿아 자유롭게 드나들 수가 있다. 작고 아담한 섬 전체가 도량인 간월암의 매력에 흠뻑 빠졌다.

서해안 고속도로 홍성 인터체인지에서 나와 좌회전하여 서산 방조제 천수만로를 따라 바다 위를 달려 간월도로 향한다. 방조제를 건너자마자 좌회전하여 간월도 캠핑장 방향으로 향하면 간월도 어리굴젓 기념탑이 서 있고 저 멀리 간월암이 보인다. 우선 간월암 입구에는 작은 주차장이 있어 바로 접근할 수도 있는데 그날따라 차가 많아 간월도 선착장의 넓은 주차장에서부터는 걸어서 가게 되었다.

하루 두 번, 썰물이 있을 때 걸어서 절에 갈 수 있으니 물때를 미리 확인해야 한다. 1980년대 진행된 천수만 간척 사업으로 인해 육지와 연결된 방조제가 생기기 전에는 배를 타지 않으면 닿을 수 없는 작은 섬이었다.

물이 빠진 후 암자로 향하는 길은 잘 되어 있지만 만조 시에는 길이 바닷물에 잠긴다. 밀물 때는 섬이 되고 썰물 때는 뭍이 되어 암자를 섬으로 만드는 매력 있는 곳이다. 간월도 전체를 상징하는 작은 암자가 바로 간월암(看月庵)이다. 간월암은 한자로 볼 간(看), 달 월(月)로 '달빛을 본다' 뜻으로 고려 말에 이성계의 왕사였던 무학대사가 수행하던 중 달을 보고 깨달음을 얻은 데서 유래한 이름으로 예전에는 피안사(彼岸寺)라 부르기도 했다 한다.

간월암은 여러 이름으로 불리기도 했다. 관음 도량이다 보니 물 위에 뜬 모습이 연꽃을 닮아 연화대(蓮花臺)라고도 하고 낙가산 원통대(圓通臺)라고 부르기도 했다는데 조선 초 창건된 것으로 추정할 뿐 정확한 창건 시기는 알지 못한다. 다만 조선시대 숭유척불 정책으로 폐사됐다가 1941년 만공 선사가 다시 세운 사실이 전해온다. 선사는 일제강점기의 스님이자 독립운동가로, 근현대 한국 불교계에 큰 발자국을 남긴 분이다. 선사는 조국의 독립을 기원하며 천일기도를 드렸고, 회향 3일 만에 광복을 맞이했다고 전해진다.

무학 대사는 간월암을 떠나면서 짚고 다니던 주장자를 뜰에 꽂으며, 지팡이에 잎이 피어나 나무가 되어 자랄 것인데 그 나무가 말라 죽으면 나라가 쇠망할 것이요, 죽었던 나무에서 다시 잎이 피면 국운이 돌아올 것이라 예언했다고 한다. 만공스님은 죽었던 나무가 다시 살아났다는 소문을 듣고 간월암을 찾으나 암자는 간 곳이 없고 그 자리에 묘가 들어서 있었는데, 실제 귀목나무에서 새파란 잎이 돋아나 있는 것을 보고 이곳에 머물며 중창을 위한 기도를 드리기 시작했다. 기도 회향 전에 김씨 가문에서 묘를 이장해 가는 가피가 있었고, 절터를 되찾은 다음 제법 모습을

갖춘 암자를 짓고 손수 간월암이라는 현판을 썼다고 전해진다. 이후 벽초, 서해, 진암 스님의 발길이 닿았었고 경봉, 춘성, 효봉, 금오, 성철 스님 등 기라성 같은 분들이 이곳 간월암에 수행의 족적을 남기기도 했다.

◀ 만공 선사, pen drawing on paper, 24×33cm
선지식으로 불리시던 대한불교 조계종 76대 조사

지금은 대한불교 조계종 덕숭총림 수덕사의 말사로 많은 방문객이 찾는 곳이기도 하다. 추운 겨울인데도 기도객들은 간월암을 찾아 발원을 한다. 겨울에 찾은 눈 덮인 간월암에 들렀을 때는 저녁 해가 뉘엿뉘엿 넘어가고 있었다. 절로 들어가는 길에서 바라본 전경을 펜화로 담으며 참으로 소박하고 아름답다는 생각이 들었다.

간월암에 도착해서 해변 난간을 따라 주변을 한 바퀴를 돌아보고 바다향을 음미하고는 일주문을 통해 경내로 들어갔다. 사찰의 규모는 매우 작은 편이어서 일주문을 들어서면 종무소 옆에 중심 전각인 관음전 주변으로 산신각, 용왕각, 공양간 요사채 등이 한눈에 들어온다. 모두 하나의 섬에 아기자기하게 모여 있다. 종무소 앞에 약 250년 된 사철나무 보호수는 사찰의 고고한 멋을 더해준다.

간월암의 주 불전은 관음전으로 안에는 목조 관음보살 좌상이 봉안되어 있다. 나무와 종이로 틀을 제작한 뒤 금칠을 입힌 불상으로 양식적인 특징상 1600년 전후에 조성된 것으로 추정되는데 임진왜란 이후에 형식화된 보살상과는 다르게 갸름한 타원형의 상호, 비교적 긴 상체, 높고 안정감 있는 무릎, 부드러운 천의의 표현 등이 특징인 조선시대의 보살상이다. 불상 밑바닥에 복장공은 남아 있으나, 남아 있

▲ 달빛에 젖은 간월암 Pen drawing on Hanji paper, 72×40cm 대한불교 조계종 덕숭총림 수덕사의 말사로 많은 방문객이 찾는 곳. 저녁 해가 뉘엿뉘엿 넘어가고 있는 전경을 펜화로 담으며 왜 여기가 낙조의 명소인지를 알게 되었다. 20호 한지에 펜으로 작업하였다.

는 복장 유물이나 관련 기록이 없어서 안타깝게도 정확한 제작 연대는 알 수 없는 상황이다.

작은 불상이어서 규모가 작은 삼존불상의 협시보살로 조성된 것으로 추정된다고 한다. 간월암을 둘러싸고 있는 해변의 안전 난간에는 장승같은 형태로 관세음보살의 상호와 화관을 조각하여 관음 도량임을 알게 해준다. 이름 없는 작은 전각이 하나 보여 스님께 여쭈어보니 관광객들이 흔히 용왕각이라고 부르는데 사실은 내부의 탱화에서도 볼 수 있듯이 해수관음을 모신 또 다른 관음전이라고 한다. 탱화 속 관세음보살은 특이하게도 아미타불이 그려진 화관을 쓰지 않고 용을 타고 있어 관광객들의 눈에는 과연 누구를 그린 탱화인지 의문투성이였을 거라 짐작이 된다. 그래서 쉽게 용왕각이라고 불렀던 게 아닌가 싶다. 간월암에서 나오며 왼쪽 방향을 바라보면 긴 방파제 끝에 빨간 등대가 보인다. 어둠이 내리면 방파제와 등대에 조명이 켜져서 또 다른 볼거리를 선사해 준다.

신문연재 취재를 위해 다시 찾은 간월암에서는 운 좋게도 그 유명한 낙조를 볼 수 있었다. 하늘과 바다, 그리고 주변의 크고 작은 섬들을 동시에 붉게 물들이며 강렬하고도 황홀했던 태양이 사그라들고 난 뒤 바다 위로 둥근 보름달이 떠올랐을 때의 광경 또한 한 폭의 수채화처럼 느껴져 이 장면도 펜화로 담아 보았다.

한때 피안사라고 불리었던 간월암. 이는 바다 위에 떠 있는 간월암을 수행자의 시선으로 보면 우리가 현재 살고 있는 이 사바세계에서 부처님의 세계인 피안으로

▲ 간월암의 석양, 수채 56×38cm 필자가 여행중 수채로 작업한 간월암의 저녁 풍경으로 낙조를 표현한 작품이다.

인도하는 반야용선이라는 배 그 자체로 보았던 것 같다. 만약 그것이 아니라면 바다 한복판에서, 하루에 딱 두 번만 길을 열어주는 이 바위섬이 간절한 마음으로 정진하는 구도자들에게 피안으로 느껴지지 않았을까 하는 생각이 든다.

무학대사도 이 모습을 보며 달빛과 교감한 나머지 깨달음을 얻어 간월암이라고 이름 짓지 않았을까. 오늘따라 휘영청 저 밝은 보름달 빛이 마치 반야용선이 나아가야 할 앞길을 비추어주는 등불 같다는 생각에 환희심 마저 든다.

Kimyusik

17편

화순 만연산 만연사

▲ 만연사 대웅전 설경 Pen drawing on paper, 53×38cm, 배롱나무에 빨간 연등을 달아 놓았는데 눈이 오자 감이 열린 것 같은 아름다움을 연출하는 만연사의 설경을 종이에 펜으로 담았다.

열일곱 번째 말사 기행은 다시 남도로 정하고 취재지를 화순으로 향했다. 목적지는 무등산과 연결된 만연산 자락의 작고 아담한 절 만연사, 겨울에는 배롱나무에 걸린 연등의 아름다움과 여름에는 능소화가 유달리 아름다워 사시사철 찾아도 좋은 곳으로 참배객의 발길이 쉼없이 이어지는 절이다. 만연사는 광주 외곽을 거쳐 화순 쪽으로 나가면 화순읍에서 차로 쉽게 찾아갈 수 있다. 절로 가는 길에 동구리의 만연저수지를 지나면 절로 향하는 길이 나온다. 만연산은 나한산으로 불리기도 하는데 절을 올라가는 길에는 적송이 유난히 눈에 많이 띄는데 이 길을 걸으면 기분이 좋아진다. 소나무와 편백 나무에 많은 피톤치드는 2시부터 4시에 가장 많이 방출된다니 시간 맞춰 올라가 보기로 했다. 절의 초입에 도달하면 너른 공터에 자리한 일주문 현판에는 "나한산 일주문"으로 되어 있다. 예전에는 이 산을 나한산이라 불렸나 보다.

만연사는 송광사의 말사로 고려 희종 때 만연 화상이 창건한 사찰이다. 전해지는 이야기로 만연 스님이 광주 무등산 원효사에서 수도를 마치고 송광사로 돌아가는 길에 현재 사찰 부지에서 잠시 쉬었다가 잠이 들었는데 꿈에 십육나한이 석가모니불을 모시고 불사를 하는 꿈을 꾸게 되었다 한다. 꿈에서 깨어보니 눈이 내렸으나 본인 주위만 김이 나는 것을 상서로이 여겨 토굴을 짓고 수도하다가 마침내 절을 세웠다고 전해진다.

한때 부속 암자인 만연사 동림암에 다산 정약용 선생이 젊은 시절 부친이 화순 현감으로 부임하던 때에 형님인 정약진과 함께 거처한 적이 있으며, 국창 임방울 선생이 소리를 가다듬기 위해 이곳을 찾아 피나는 연습을 하였다고 한다.

일주문을 지나 계단을 올라 서면 절 마당으로 가는 누각을 만나는데 현판에는 '화우천(華雨天)' 이라고 씌어 있다. 자비로운 설법에 하늘에서 꽃비가 내린다는 뜻이다. 계단을 오르는 좌우로 초여름부터 만개하는 능소화가 여기저기 흐드러져 절 자체가 정원처럼 아름다운 모습이다. 만연사에는 그리움이라는 꽃말을 가진 능소화가 참 많다. 궁궐의 소화 아씨가 왕을 기다리며 수줍게 기다리는 모습이 연상되는 아름다운 자태에서 눈을 뗄 수가 없다.

화순 시내에는 길가의 가로수도 배롱나무인데 절 마당에 들어서면 백일간 피어 백일홍 이라고도 불리는 커다란 배롱나무 꽃이 여름 내내 피어 대웅전과 조화로운 모습을 보인다. 여기저기 둘러봐도 오직 한그루 뿐인데 유독 멋지고 아름다운 광경에 잠시 눈이 고정된다. 만연사의 독특한 운치는 배롱나무에 빨간 연등을 달아 눈 속에서 감이 매달린 것 같은 한폭의 그림 같은 모습이다. 유독 눈이 많은 무등산 줄기인지라 겨울에 찾은 만연사 설경 속에 연등이 걸린 배롱나무와 대웅전의 모습을 펜화로 담았다.

배롱나무를 중심으로 바라보는 경치는 어느 쪽으로 보아도 한폭의 그림을 연출한다. 배롱나무에 매달린 빨간 연등을 넣고 바라보면 세상 모두가 아름다운 모습이다. 이 모습에 반해 다른 각도에서 펜화 작품을 다시 그려 보았다.

만연사는 한국전쟁 이전까지는 대찰이었으나 전쟁 와중에 대부분 소실되어 지금은 규모가 작고 아담한 사찰로 전각 복원을 하지 않아 유달리 공터가 많지만 잘 가꾸어 쉼터 같은 곳이기도 하다. 주요 전각으로는 대웅전, 나한전, 명부전, 산신각,

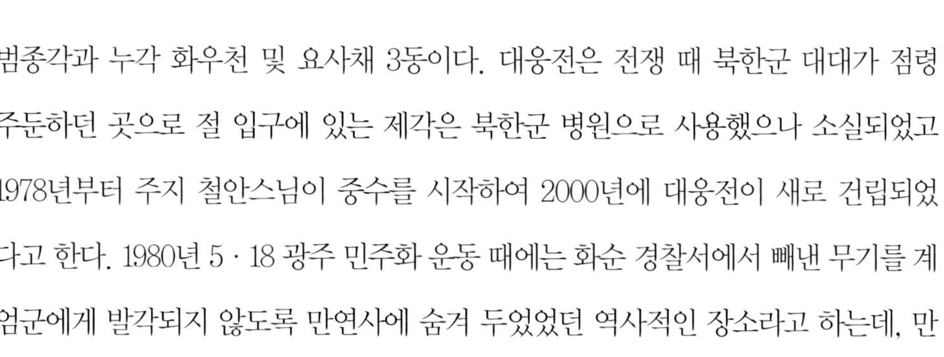

범종각과 누각 화우천 및 요사채 3동이다. 대웅전은 전쟁 때 북한군 대대가 점령 주둔하던 곳으로 절 입구에 있는 제각은 북한군 병원으로 사용했으나 소실되었고 1978년부터 주지 철안스님이 중수를 시작하여 2000년에 대웅전이 새로 건립되었다고 한다. 1980년 5 · 18 광주 민주화 운동 때에는 화순 경찰서에서 빼낸 무기를 계엄군에게 발각되지 않도록 만연사에 숨겨 두었었던 역사적인 장소라고 하는데, 만연사 입구에 표석을 세워 그 사실을 기록하고 있어 현대사의 흔적이 남아 있는 현장이기도 하다.

▲ 대웅전 앞 배롱나무에 연등이 걸린 설경 Pen drawing on 한지, 72×40cm 염색한지에 펜으로 작업한 작품으로 대웅전의 처마선이 아름답게 하늘로 치솟은 구도에 눈덮인 배롱나무와 연등에 매달린 소원지가 나부낀다. 필자는 연등에 소원지를 달아 가족의 건강과 안녕을 발원했다.

대웅전을 향하는 계단 양쪽에는 꽃밭이 조성된 듯 아름답다. 축대 앞에는 파초가 자라고 있어 남도의 절임을 실감케 한다. 법당 안에는 목조 삼존불이 모셔져 있고 후불 탱화, 신중 탱화, 칠성 탱화, 산신 탱화, 천룡 탱화가 봉안되어 있다.

대웅전의 단청이 아름답고 공포도 화려한 편이다. 현판은 화엄사 현판을 복제한 것으로 보인다. 대웅전 왼편에는 명부전이 자리하고 있는데 만연사에서 가장 오래된 건물 나한전은 한적한 숲속에 자리잡고 있다. 보물로 지정된 괘불탱이 흥미롭다. 석가삼존불 입상 형식으로 좌 · 우에 여의주를 든 문수보살과 연꽃 줄기를 든 보현보살이 협시한 모습으로 그려져 있다. 용, 당초, 파도 문양 등의 문양과 영락장식이 화려하고, 보살의 하의에 흰바탕에 청색 안료로 대나무, 죽순, 소나무, 기암괴석 등을 묘사하고 있어 독특한 작품이다. 화려한 문양과 짙은 채색과 유려한 필선 등에서 매우 독보적인 작품이라 한다.

휴가철 템플스테이를 통해 쉬고 갈 수 있게 되어 있어 언제든지 휴가 때면 쉬어 가기 좋다. 대웅전 아래채는 절집을 찾는 이들을 위한 휴식 공간으로 잘 꾸며져 있고 여름날의 절 마당은 온통 잔디로 뒤덮여 있어 쉬기에 편안하다. 나무에 걸린 스피커에서는 불경 독송이 흘러나온다. 삶에 지칠 때면 찾아와 여기 쉼터 같은 공간에 앉아서 그윽하게 울려 퍼지는 찬불가 소리에 마음이 전화되는 것 같다.

절집을 나서며 만연사 일주문 앞에 둘레가 3미터나 되는 커다란 전나무가 눈에 띈다. 바로 수선사(송광사) 주지로 있던 진각국사 혜심 화상이 심은 것으로 전해진다고 하니 계산해보면 무려 나이가 770살이다. 곧게 뻗은 나무도 이제는 노쇠하여 나무 꼭대기 부분도 부러지고 가지들도 많지 않지만 기후에 잘 적응하는 전나무인지

라 앞으로도 오랫동안 절을 지킬 것으로 보인다. 만연사에 들른다면 전나무를 바라보며 세월의 무상함과 삶을 되돌아보는 명상의 시간을 가져보자. 다음에 조용히 다시 찾아오고 싶다는 생각에 잠기면서 만석이의 슬픈 사랑 이야기가 전하는 만연폭포를 둘러 보기 위해 발길을 돌렸다.

▲ 만연사 능소화 38×28㎝ 수채

18편

성북동 길상사

▲ 서울 성북동 길상사 입구 겨울 설경. Pen drawing on paper. 54× 35cm. 겨울날 2층 형식의 일주문과 뒤편에 희미하게 보이는 극락보전이 바라다 보이는 풍경을 다원에서 잡은 구도로 콩기름을 먹인 한지에 펜으로 작업하였다.

열여덟 번째 말사 기행은 수도권지역으로 정했다. 서울 도심의 절 성북동 길상사는 어느 계절에 가도 좋은 곳으로 법정 스님의 '무소유 정신' 깃든 아름다운 도량이다. 근래에 세워진 사찰임에도 참 많은 이야기를 담고 있는 서울의 유명한 절 길상사. 사부대중들에게도 널리 알려진 곳으로 가을에는 꽃무릇이 절정이며 삼각산이 바라보이는 언덕에 자리잡아 주변과 어우러져 있다. 공덕주 김영한씨가 법정 스님에게 보시해 '대원각'이라는 고급요정이 사찰로 변모하여 '맑고 향기롭게' 근본 도량으로 자리 잡게 되었다. 공덕주 길상화 보살로 알려진 김영한 씨의 백석에 대한 사랑 이야기와 무소유를 실천하신 법정 스님의 발자취가 숨쉬는 곳이라서 찾는 이가 참으로 많은 곳이다. 참배객들이 '길상화 보살 공덕비' 앞에서 시비를 유심히 읽어보는 모습이 보인다. 여기에 시주에 얽힌 이야기와 백석과의 사랑 이야기가 적혀 있다.

주차장에서 바로 2층 전각 형식의 출입문에는 '삼각산 길상사'라는 현판이 걸려 있는데 일주문인 셈이다. 눈이 많이 왔던 겨울에 담은 장면으로 길상사의 첫인상을 주는 매력이 있는 곳이기에 입구에 자리한 다원에서 바라본 장면을 펜화로 담았다.

길상사는 대한불교조계종 제21교구 본사 송광사의 말사이다. 사단법인 '맑고 향기롭게'의 근본 도량으로써 여러 가지 사회사업을 펼치고 있다. 절 이름은 '길하고 상서로운 절'이란 의미로, 묘길상(妙吉祥) 곧 문수보살의 별칭에서 인용된 불교 용어이며, 승보종찰 송광사의 옛 이름이기도 하다. 본래는 '대원각'이라는 이름의 고급

요정이었으나 요정의 주인이었던 고 김영한 씨가 법정 스님에게 자신이 소유한 요정 부지를 시주하여 사찰로 탈바꿈하게 되어 전각들이 사찰 건축과는 다른 고유한 한옥의 모습이 많다.

김영한 씨는 일제강점기 시인 백석의 시 '나와 나타샤와 흰 당나귀'에 등장하는 나타샤로 알려져 있으며, 백석은 연인이었던 그녀에게 자야(子夜)라는 애칭을 붙여 주었다고 한다. 자야는 그를 잊지 않았으나 백석은 월북한 이후 그녀를 끝내 찾지 않았다. 상사화의 꽃말처럼 서로 이룰 수 없는 사랑의 안타까움이 세상에 널리 회자된 아름다운 이야기다. 세워진 안내문의 시를 읽으니 애절함과 숭고한 뜻이 뜨겁게 느껴진다.

◀ 법정 스님 , Pen Drawing on paper, 24× 33cm

이렇듯 창건에 대한 일화는 매우 유명하다. 무소유 정신에 깊이 감화된 김영한 씨로부터 1985년에 자신의 재산을 기증해 절을 짓게 해달라는 요청을 받았지만 법정 스님은 이를 간곡히 사양하였다고 하며 10년 후에도 마음이 변하지 않는다면 이를 수락하겠다고 한다. 김영한 씨는 10년 가까이 법정 스님을 찾아와 끈질기게 부탁했고 이에 법정 스님도 이를 받아들이게 되었다 한다. 1995년 대법사로 등록한 후 1997년에 '맑고 향기롭게' 근본도량 길상사로 이름을 바꾸어 재등록했다. 공덕주 김영한 씨는 평생 백석의 생일에는 식사를 하지 않았고, 길상사에 기부된 대원각 재산이 어마어마했는데 "그 많은 재산이 아깝지 않느냐"는 기자의 물음에 "1000억

▲ 극락보전과 종각이 보이는 풍경 Pen drawing on paper, 54×40cm 설법전 방향에서 최종태 작가가 조성한 마리아를 닮은 관세음보살상이 보이고 중앙에 종각 그리고 뒤편에 극락보전이 보이는 풍경을 한지에 펜으로 담은 작품이다.

은 그 사람의 시 한 줄만 못하다"고 대답했다고 할 정도로 백석의 시를 사랑했다고 한다. 세상을 떠나면서 자신의 유해를 눈이 오는 날 길상사 경내에 뿌려달라는 유언을 남겼다고 한다.

길상사 경내에는 법정 스님의 영정과 그 생전 유품들을 전시한 기념관 진영각이 있다. 법정 스님은 불자가 아니어도 알 정도로 저술 활동을 하신 분으로 남긴 저서로는 〈영혼의 모음〉, 〈무소유〉, 〈버리고 떠나기〉, 〈물소리 바람소리〉 등 수십 권이 있다. 한국전쟁 후 진리를 찾아서 출가해 해인사에서 정진한 이후 불교사전 편찬, 불교 경전 역경에 매진하다가 송광사 불일암에서도 오랜 시간 무소유의 삶을 실천하셨는데 2010년 길상사 행지실에서 원적에 들었다. '법정 스님의 유골을 모신 곳'이란 팻말이 있는 장소에는 부도탑도 없다. 무소유를 실천한 고귀한 뜻이다. 영각의 왼편에는 앉아서 쉬셨다는 나무로 만든 의자가 있는데 한 켠에 스님에게 하고 싶은 이야기를 적는 공책이 있다. 진정한 무소유에 대해 여쭈어보고 싶은 생각에 몇 자 적었다.

길상사의 주 법당은 극락보전이며 양반가의 본채 같은 팔작지붕의 'ㄷ자형' 건물로 단청이 없는 검소한 모습이다. 경내에 있는 관음보살 석상은 조각가 최종태씨의 작품으로 성모 마리아를 닮았다. 이는 법정 스님의 생각에 따라 종교 간의 화합을 도모한 상징적인 작품인 듯하다. 설법전 앞의 관음상과 극락전 그리고 종각이 보이는 풍경을 펜화에 담았다.

길상사 경내 요사는 참선을 위한 시민선방과 스님들의 요사채로 쓰이고 있는 육

바라밀채가 지형에 맞게 옹기종기 시설되어 있는데 원래부터 사찰을 위해 지어진 건물들이 아닌데 용도를 변경하다 보니 화려함보다는 단아하고 소박한 모습들이다. 나무들이 즐비하여 여름에는 그늘을 제공하고 가을에는 단풍진 운치를 제공하여 사시사철 언제 들러도 좋은 곳이다. 법정 스님이 자주 어록에 남긴 말을 되뇌이며 꽃 향기를 그득 안고 서울의 저녁을 음미해 본다.

"아무리 사랑스럽고 빛이 고울지라도 향기없는 꽃이 있는 것처럼 실천이 따르지 않는 사람의 말은 번드르르할지라도 알맹이가 없다" 〈법구경〉

▲ 길상사 꽃무릇 56×38㎝ 수채

19편

하동 지리산 칠불사

▲ 칠불사 전경 Pen drawing on Korean pape , 72×45cm 지리산 칠불사의 다원이 있는 주차장 방향에서 바라본 보설루와 종각 뒤편으로 대웅전과 문수전이 보인다. 지금 공사중인 아자방이 대웅전의 왼편에 살짝 보인다. 템플 스테이를 하며 잡은 구도를 20호 크기의 한지에 펜으로 작업한 작품이다.

열아홉 번째 말사 기행은 하동에 있는 지리산 칠불사로 정했다. 마침 칠불사 보설루에서 '만전전'이라는 불교 관련 미술작품 전시를 위해 칠불사를 가야 하기에 취재하기로 했다.

지리산 반야봉을 지나 토끼봉에서 동쪽 기슭에 자리한 아늑한 절, 김수로왕의 일곱왕자가 외숙부 장유화상 따라 출가해 성불했다는 이야기가 전해져 오는 곳이다. 칠불사에는 '아자방'이 있는데 방 구들을 아(亞)모양으로 만들어 아자방이라는 이름이 붙었다. 신라 효공왕 때 구들도사로 불리던 담공화상이 아자형으로 축조하여 만든 것으로, 한번 불을 때면 49일 동안 따뜻하였다고 한다. 일곱 짐이나 되는 나무를 세 개의 아궁이에 넣어 한꺼번에 땐다고 하며, 화도가 막히지 않고, 높고 낮은 곳이 고루 따뜻하였다고 한다. '아자방'은 가장 오래된 온돌난방으로 선원에서 수행하는 스님들은 군불 때는 일에는 신경을 쓰지 않았다고 한다.

칠불사는 하동의 화개장터에서 십리 벚꽃길을 지나 조계종 제13교구 본사 쌍계사를 지나 잘 포장된 산길을 따라서 구불구불 한참을 올라가면 지리산 토끼봉 동쪽 기슭에서 만나는 아늑한 절이다. 칠불사를 찾은 날은 태풍이 오기 전날이라 먹구름과 비가 심하게 와서 지리산 자락 높은 길을 오르며 걱정이 많았는데 절묘하게 비구름을 높은 산이 막아주는지 칠불사는 고요해서 '과연 이곳은 부처님을 모신 명당이구나'하는 생각이 들 정도였다.

칠불사의 유래는 흥미진진하다. 가야국 김수로왕이 인도 아유타국의 허황옥을 왕비로 맞아 10남 2녀를 두었는데 장남은 왕위 계승권자가 되고 둘째와 셋째 아들은 어머니의 성씨를 받아 김해 허씨의 시조가 되어 출궁했다. 나머지 일곱 왕자는 외숙부 장유화상을 따라 출가하여 절로 들어와 성불하였다 하여 '칠불사(七佛寺)'로 불리게 되었다 한다.

일주문을 지나 산뜻하게 지은 템플스테이관 가는 길에 둥근 연못이 나오는데 이곳이 바로 영지(影池)다. 영지는 '그림자가 나타나는 연못'이란 뜻으로 김수로왕 부부가 수행 중인 일곱 아들을 보기를 원하였으나 허황후의 동생 장유화상이 "출가하여 수행하는지라 상면할 수 없다"고 거부하는 바람에 절 밑에 연못을 조성해 물속에 비치는 모습으로나마 상면하려 했다는 곳이다. 허황후가 7왕자의 성불한 모습을 보았다는 자리로 자식을 그리는 마음이 드리워져 있는데 영지에 비친 단풍은 그 아름다움을 형언할 수 없다. 실제로 화개면에는 범왕마을과 대비마을이라는 곳이 있는데 김수로왕과 허황후가 아들들이 그리워 이 절을 찾을 때 잠시 머물렀던 곳이라 그리 불린다고 한다.

칠불사의 운상선원은 일반인이 들어갈 수 없는 스님들의 수행공간으로 주지 스님이 보여 주기로 하였으나 마침 보설루 '만만전' 미술 전시 오픈식 행사로 보류하여 아쉬움이 남는다. 운상선원은 '구름 위의 집'이란 뜻으로 해발고도 800m에 위치해 지리산 골짜기가 '구름 위에 드러난다' 하여 붙여진 이름이라 하는데 '옥보대'라

는 이름도 가지고 있다고 한다. 거문고의 전승자 옥보고가 이곳에서 50년간 연구한 곳이라서 그 이름을 따서 불리었다는 설이 있으나 지금은 대중선원으로 사용하고 있다. 거문고의 도를 전수해 온 중심지로 유서깊은 칠불사다.

칠불사는 넓은 주차장 옆에 다원과 템플스테이관이 매우 아름답게 위치하고 있는데 길 주변에 코스모스와 꽃무릇이 곱게 피어 산사의 정취를 더한다. 절 마당으로 올라가는 보설루 계단을 오르다 보면 300년 정도 된 호두나무 두 그루가 우람하게 버티고 있어 천안 광덕사 입구와 비슷한 느낌이다. 보설루의 '동국제일선원'이라는 현판이 눈에 띈다.

칠불사에는 아자방 선원이 유명한데 이는 스님들이 수행하며 경학을 공부하는 곳이다. 칠불사는 문수도량으로 예로부터 '문수보살이 1만 권속을 거느리고 상주하는 곳'이라 지리산의 명칭도 '대지문수사리보살'에서 따온 것이라 한다. 이곳에서 참선을 하거나 기도 정진하면 문수보살의 보살핌으로 성취된다는 영험한 도량이다. 보설루와 종각 그리고 그 너머 대웅전 그리고 설선당이 바라보이는 전경이 매력적이어서 펜으로 담아 보았다.

경내 중심에 들어서면 3칸 팔작지붕에 용두를 얹은 수려한 곡선미의 대웅전을 만난다. 왕과 관련이 있어서 일까 대웅전 기와의 처마에는 궁궐에서 보이는 기와에 얹은 잡상들이 법당을 지키고 있다. 법당 안에는 석가모니 부처님과 협

▲ 칠불사 문수전 Pen drawing on Korean paper, 53×45cm 칠불사는 쌍계사의 말사로 문수도량으로 이곳에서 참선을 하거나 기도 정진하면 문수보살의 보살핌으로 성취된다는 영험한 도량이다. 인자한 모습의 문수보살 좌상이 인상에 남는다. 한지에 문수전과 대웅전, 그리고 아자방의 모습을 펜으로 담았다. (칠불사 만만전 출품작)

시보살 삼존상이 보이는데 후불탱화가 아닌 금박을 입힌 후불벽화가 부조로 되어 있고 좌측의 관세음보살상과 우측의 벽화도 금박 부조라서 상당히 이채롭다.

법당 우측에는 지혜를 상징하는 문수보살님을 모시고 있는 '문수전'이 자리하고 있는데 역시 공부하고 정진하는 도량임을 알 수 있다. 칠불사가 배출한 고승은 고려시대 정명 선사, 조선시대 서산 대사, 부휴 대사, 초의 선사 등이 있다. 문수재일

에 공양을 올리고 법회를 열고 있다고 한다. 사찰의 대표적인 전각 문수전과 대웅전 그리고 보수공사 중인 아자방 선원을 펜화로 담았다.

이 절에서 가장 유명한 곳은 아자방인데 임진왜란 그리고 여순사건 당시 국군이 절을 소각하여 사라졌으나 구들이 남아 있는 상태여서 1982년 복원되었다 한다. 지금은 보수공사 중이라 휘장 막에 가려져 있어 출입이 어려웠다. 대신 템플스테이관 아래 영지 우측에 새로 지은 아자방 체험관을 도응 주지 스님의 배려로 직접 들어가 볼 수 있었다. 안에는 훈훈한 황토방의 향기가 나고 50cm 가량 높힌 곳에서 좌선을 하게 되어 있고 가운데의 공간은 휴식처라고 한다. 이곳에서의 참선 규칙은 묵언, 하루 1식, 눕지 않는 장좌불와를 지켜야 한다고 하는데 이런 체험을 할 수 있었다는 것이 기억에 남은 일이었다. 아궁이를 가보니 상상을 뛰어넘는 큰 크기에 놀랐다. 흡사 도자기를 굽는 장작가마와 비슷했다.

템플스테이관에서 1박을 하고 아침에 산속의 공기를 체험하다가 멧돼지들이 가족을 거느리고 절 담벼락까지 내려와 깜짝 놀랐다. 알고 보니 스님들이 매일 끼니를 준다고 한다. 산짐승들이지만 복받은 녀석들이다. 산 아래에 돌아앉아 바람도 없는 아늑한 사찰 칠불사. 정말 많은 이들이 찾는 이유를 알 것 같다. 내년 봄 다시 올 때는 벚꽃길을 음미하며 오리라 다짐해본다.

20편

서울 수도산 봉은사

▲ 봉은사 전경. pen drawing on paper, 56×38cm 인터콘티넨탈 코엑스 디럭스룸 고층으로 올라가 내려다본 장면을 종이에 펜으로 작업하였다. 사찰 뒤편의 고층 아파트와 어우러져 도심 속의 사찰 임을 보여준다.

스무 번째 말사 기행은 수도권으로 정했는데 마침 코엑스에서 미술작품 전시행사가 있어 들른 길에 봉은사를 취재하기로 했다. 문화공간으로 외국인 방문도 많아 한국 전통 사찰과 문화를 체험할 수 있는 봉은사는 서울 강남 한복판에 자리하고 있다. 오래전엔 강 건너부터 수도산 한적한 지역으로 도성에서 나와 한강 뚝섬 나루에서 배를 타고 강을 건너다니던 사찰이던 곳이 지금은 세월이 흘러 환경이 변해 부유한 지역에 자리 잡게 되었다. 뚝섬 유원지는 서울 사람들의 휴가지였다는 것을 젊은 사람들이 알려나 모르겠다. 봉은사는 강남이 개발되기 전에는 한적하고 조용한 사찰이었다. 고정관념에서는 절은 산속에 있는 것으로 생각하는데 서울 도심 속에 천년 고찰이 있으니 생소하기도 하다.

대중교통으로 봉은사로 가는 길은 지하철 9호선 봉은사역에서 1번 출구로 나오면 접근하기 아주 쉽다. 도심 속 봉은사를 담기 위해 인터콘티넨탈 코엑스 디럭스룸 고층으로 올라가 내려다본 풍경을 펜으로 담았다. 저 멀리 타워아파트가 위용을 자랑하고 빼곡히 주차된 차량과 함께 현대적 감성을 드러내도록 하였다

이 절도 덕수궁처럼 도심의 안온한 휴식처다. 고층 빌딩 숲에 둘러싸인 봉은사는 그 부근에 근무하는 직장인들에게는 쉼터 같은 곳이다. 그래서 많은 직장인들이 점심 후에 여기 들러 잠시 쉬어가는 모습들을 볼 수 있다. 거기다가 불교문화를 느끼고 체험할 수 있는 문화공간으로서 자리하고 있어서 외국인 방문객들도 많이 눈에 띈다.

봉은사는 신라 원성왕 때 연회 국사가 창건해 견성사(見性寺)라고 했다. 그런데 이 절 인근에 연산군 때 성종의 계비 정현왕후가 성종의 능인 선릉을 조성하자 원찰로 삼기 위해 '봉은사'라 이름을 바꾸었다고 한다.

중종의 능인 정릉을 성종의 선릉 옆의 봉은사 자리로 천장함에 따라 봉은사는 인근의 수도산 기슭으로 옮기게 되었다. 예전 절터로 성종과 중종의 능이 있는 곳은 지하철 역명으로는 선정릉이다. 이후 봉은사는 선정릉의 원찰이 되었으며, 이러한 이유로 봉은사는 당시 서울 일대의 사찰 중에서 가장 규모가 컸다고 한다. 하지만 임진왜란과 병자호란 때 모두 소실되었고, 그 후 중창과 소실을 거듭하다가 오늘에 이르러 현재는 서울 조계사, 대구 팔공산 선본사, 강화 석모도 보문사처럼 조계종 총무원의 직영 사찰이 되었다.

봉은사의 입구에서는 보통의 산사 일주문과는 다르게 현대식이란 느낌부터 드는 진여문(眞如門)이 바로 절의 산문 역할이다. 거대한 빌딩들 숲속에서 매우 한국적인 멋을 풍기는 당당한 모습이다. 진여란 있는 그대로의 모습이라는 뜻이다. 여기를 들어서는 순간 바로 부처님의 가르침이 지배하는 법계임을 나타내는 해탈로 나아가는 문이다. 진여문을 지나 돌로 포장된 넓은 계단 길을 올라가니 강당 격인 누마루 형태의 우람한 법왕루가 보인다.

추사가 죽기 3일 전에 판전 편액을 썼다는 기록이 있어 대웅전 편액 글씨도 추사의 글씨이지 않을까 하는 추정을 해보지만 명확한 기록은 없는 듯하다. 그리고 대웅전 앞마당 오른편의 선불당은 조선시대에 서산 대사가 승과를 실시하던 건물이라고 한다. 그래서 다른 절에서는 볼 수 없는 건물이며 구조도 독특하다.

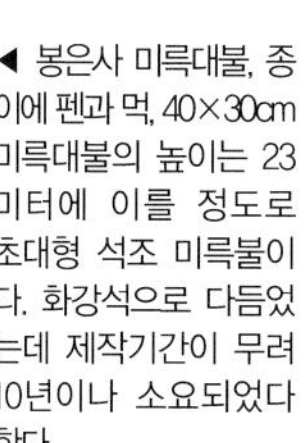

◀ 봉은사 미륵대불, 종이에 펜과 먹, 40×30cm
미륵대불의 높이는 23미터에 이를 정도로 초대형 석조 미륵불이다. 화강석으로 다듬었는데 제작기간이 무려 10년이나 소요되었다 한다.

아무튼 평소에 존경하던 추사께서 말년에는 과천에 살면서 이곳을 왕래하며 봉은사에 잠시 머물기도 했다고 한다. 그의 마지막 흔적을 남긴 곳이라고 해서 꼭 들려보고 싶었다. 사찰을 둘러보면 고즈넉한 구석은 없지만, 과연 강남 한복판에 있는 절답게 깔끔하게 단장돼 있다.

봉은사에는 10년 불사를 통해 무려 높이가 23m나 되는 국내에서 제일 큰 석조 미륵대불이 조성돼 있는데 1996년에 점안식을 봉행했다고 한다. 여기에 들어간 화강석만해도 어머어마한듯 하다. 오른손은 시무외인, 왼손에는 용화주를 든 미륵대불의 온화한 미소가 눈에 들어온다. 미래의 용화정토의 세계로 중생을 구원해주실

▲ 봉은사 판전, 종이에 펜. 경전을 보관했던 판전은 한국 최고의 서예가 추사 김정희가 말년을 보낸 사찰임을 증명하듯 현판도 직접 썼고 글씨의 완숙미가 최고조이다. 판전은 미륵대불 옆쪽에 있다.

부처께서 굽어보시는 모습이다. 뒤편의 작은 불상 숫자가 어마어마하다. 미륵대불을 먹과 펜의 콜라보로 그려 보았다.

특이하게도 '북극보전'은 북극성을 모신 사당이라고 한다. 다른 사찰에서는 보통 칠성각이라 하는 전각이다. 우리의 토속신앙이 불교와 접목한 실체를 살펴볼 수 있다. 사찰이 도시 주변 환경과 잘 어울리게 자리를 잡고 있어서 찾는 이들에게 편안함을 준다. 넓은 경내를 찬찬히 살피고 있으려니 은은한 예불 소리가 들린다. 마음을 가라앉히며 관세음보살 석상 앞에서 잠시 쉬며 도심 속에서 한가한 한때를 가져본다. 도심속의 사찰을 보기 위해 먼 길을 찾아온 방문객의 마음속에 평온이 찾아왔음을 느낀다. 또 다시 도시의 일상 속으로 가야지 생각하니 번뇌가 다시 일어난다.

우리의 고정 관념은 절은 산속 깊은 곳에 있는 것으로 생각하는데 서울 도심속에 천년 고찰이 있으니 이 또한 매력적인 일이다.

21편

평창 오대산 중대 사자암

▲ 비로전에서 바라본 눈내린 풍경 Pen drawing on paper, 53×38cm, 오대산 중대에 위치한 사자암의 맨 위 단에 비로자나불을 모신 비로전. 밤새 내린 눈으로 비로전 옆의 삼성각과 온천지가 하얗게 덮힌 풍경을 종이에 펜으로 담았다. 아름다운 단청과 어우러진 가운데 풍경소리가 들리는 듯한 광경에 숨이 멎는 순간이었다.

스물한 번째 말사 기행은 강원도로 정하고 중대사자암과 적멸보궁을 취재하기로 했다. 평창 오대산 정상 비로봉 인근에 위치한 중대 사자암은 적멸보궁을 관리하는 월정사 부속 암자로 유명한 곳이다. 오대산 명당에 진신사리를 모신 적멸보궁이 있는 곳을 '사자암'이라는 부르는 것은 문수 기도 도량이기 때문이며 문수보살이 사자를 타고 다니기에 붙여진 이름이다. 이를 상징하듯 비로전 입구에 두 마리의 사자상이 보인다. 부처님의 진신사리 중에서도 '정골 사리'를 봉안한 적멸보궁의 사리를 친견하기 위해 강원도로 길을 떠났다. 우선 전나무 숲길로 잘 알려진 오대산 월정사를 먼저 들러서 가기로 했다.

월정사보다 더 깊은 산속에 위치한 곳인지라 비포장도로이며 자동차로는 상원사까지만 갈 수 있고 사자암까지 가려면 여기부터는 걸어서 약 1시간 정도 올라가야 하고 적멸보궁까지는 또 30분 정도 더 올라야 한다. 아주 높은 지역에 위치하는 절이다. 말사 상원사를 지나 겨울에도 침엽수림이 뿜어내는 피톤치드 향을 맡으며 숲길을 따라 걸어 해발 1100m 정도 되는 곳에 이르니 드디어 눈앞에 중대 사자암이 나타났다.

오대산 적멸보궁은 신라의 자장 율사가 중국 오대산에서 귀국하여 지혜의 상징인 문수보살을 친견하고자 원녕사, 갈래사(정암사) 등으로 옮겨 다니며 기도하였는데 월정사, 법흥사 등이 창건된 것도 이러한 연유에서다. 오대산 중대로 불리는 비로봉을 주봉으로 중대에 터를 잡고 일만의 문수보살이 상주하는 곳으로 사자암이라 지었고 적멸보궁에 불사리를 봉안하여 법신불로 상정해 예배 공양하게 된 것이라 한다. 그리고 동대 동대산(만월산)에는 일만의 관세음보살을 모신 관음암, 서대 호령봉(장령산)에는 일만의 대세지보살을 모신 수정암(염불암), 남대 두로봉(기린산)에는 일만의 지장보살을 모신 지장암, 북대 상왕봉에는 오백 나한을 모신 미륵암을 지었다 한다.

오대산에는 칡이 없다고도 한다. 그 이유는 나옹 스님이 북대 미륵암에서 정진 중에 상원사에서 공양을 하고 예불 시간에 맞추어 미륵암으로 올라가던 중 칡넝쿨에 걸려 넘어져 예불시간에 늦었다고 한다. 이에 스님께서 부처님께 올리는 예불을 방해하였다고 칡넝쿨들을 모두 사라지라고 했다고 한다. 그 뒤부터는 오대산에 칡이 없다는 이야기가 있다.

중대 사자암은 산의 지형을 이용하여 매우 특이하게도 경사면에 계단식으로 층층이 전각을 지었다. 그 중 비로전으로 바로 가는 계단에서 바라본 광경이 참으로 멋지기에 여기서 펜으로 담아 보았다.

경사면에 지어진 1층은 해우소로 쓰이며 조금 뒤로 물려 석축을 쌓고 지은 2층은 공양실이고, 더 뒤로 물려 석축 위에 지은 3층은 수행자들이 묵는 곳으로 숙소로 이용된다. 다시 석축 위에 지은 4층은 스님들의 수행처로 사용되는 공간이다. 5층은 마당을 두고 지어진 비로전인데 맨 위의 전각이다. 비로전 옆에는 삼성각이 같이 자리하고 있다.

비로전 처마와 삼성각 기와지붕 위로 펼쳐진 설경과 고드름이 주렁주렁 달린 단청의 아름다움에 빠져 잠시 시선이 멈추었다. 필자는 물고기 모양의 풍경이 바람에

울리며 신도들의 수행 정진을 독려하는 듯한 모습을 담긴 설경에 도취되어 두번째 작품을 펜화로 담았다.

오대산 중대 사자암은 적멸보궁 수호 암자로서 비로전이 주 법당으로 비로자나불을 주불로 하여 문수보살과 보현보살이 협시하고 있다. 비로전 내부의 벽체 사방 8면에 각각 다섯 사자좌의 문수보살을 중심으로 상계에 오백 문수보살상과 하계에 오백 문수동자상 세계가 펼쳐져 있어 매우 경이롭다. 게다가 양각으로 새긴 극락보수 삼존불상 후불탱화의 장엄함은 보는 이로 하여금 저절로 환희심을 느끼게 한다.

▲ 중대사자암 전경 Pen drawing on paper, 53×30cm, 산의 지형을 이용하여 매우 특이하게도 경사면에 계단식으로 층층이 전각을 지은 광경을 종이에 펜으로 담았다. 1층은 해우소로 쓰이며 석축을 쌓고 지은 2층은 공양실이고, 3층은 수행자들이 묵는 곳으로 숙소로 이용된다. 4층은 스님들의 수행처로 사용되는 공간이다. 5층은 그림에서 보이지 않는데 비로전으로 바로 가는 계단에서 바라본 광경이다.

비로전 앞의 마당에서 오대산의 맑은 공기와 더불어 비로전 뒤편에 위치한 약수를 한 모금 마시며 잠깐 호흡을 가다듬고 종무소 뒤쪽으로 난 길을 따라 적멸보궁으로 향했다. 중대 사자암에서 600m 정도 떨어져 있어 적멸보궁까지는 약 30분 정도 걸리는 것 같았다. 올라가는 길은 돌로 만든 계단이 잘 정비되어 있어 불국 정토로 가는 길을 상징하는 듯하다.

이 곳의 적멸보궁은 신라시대 자장 율사가 당나라에서 귀국할 때 가져온 부처의 진신사리와 정골을 나누어 봉안한 5대 적멸보궁 중의 하나로 양산 통도사, 설악산 봉정암, 정선 태백산 정암사, 영월 사자산 법흥사와 함께 불교의 성지 중의 하나이다. 그 중에서도 특히 부처님의 정신이 깃든 뇌사리를 모신 곳이라 더욱 특별하고 신성하게 느껴진다.

▲ 적멸보궁 Pen drawing on paper, 38×28㎝

게다가 풍수적으로도 다섯 봉우리 중에서도 중앙의 비로봉에 자리한 적멸보궁으로 다른 산들이 감싸고 있어 천하제일의 명당이라고 어사 박문수도 찬탄했다는 이야기도 전해진다. 또한 중대 적멸보궁은 유례를 찾아볼 수 없는 집 속의 집으로 만들어진 독특한 이중구조의 불전 건축물이다. 내부 건물은 고려 시대 것으로 추정된다고 하는데 나중에 지은 것으로 추정되는 외부 건물이 이루고 있는 기둥 열은 독립된 구조체지만 서까래만을 공유하여 구축된 독특한 방식의 건축 구조를 가지고 있어 보물로서의 가치가 충분한 것으로 보인다. 아담한 규모의 법당 안에는 수미단에 부처님이 계신다는 상징으로서 금박판과 보료만 있고 불상이나 후불탱화는 보이지 않는다.

닫집에는 용과 봉황이 조각되어 있어 부처님이 계신 세계를 장엄하고 있다. 법당 바깥에는 적멸보궁 비석이 보이는데 5층 탑 문양이 새겨져 있어 바로 여기에 사리를 봉안했음을 알 수 있다.

지혜를 상징하는 문수보살과 관련이 깊은 곳인지라 용맹정진하는 학인스님들이 많은 월정사와 부처님의 신비로운 원력이 가득한 중대 사자암 적멸보궁에서 기도를 하고 나니 무언가 모르게 뿌듯함과 환희심이 느껴져 경건해진다. 오대산에서 드리는 이 기도가 도시의 삶에 찌든 중생들의 번뇌에서 벗어나게 해준다면 좋으련만…. 등산화 끈을 단단히 조이고 나선 산사 기행에서 문수보살의 지혜가 충만하길 소망해 본다. 하산하는 길에 바라본 오대산 자락의 저녁놀이 오늘따라 더욱 아름다웠다.

22편

남양주 수락산 흥국사

▲ 남양주 수락산 흥국사 영산전. Pen drawing on Korean paper. 72× 45cm. 입구에서 바라본 아름다운 자태를 뽐내는 영산전의 고색창연한 목조 건축의 멋과 나란히 세워진 대웅전의 모습을 20호 크기의 염색 한지에 펜으로 작업했다.

스물두 번째 말사 기행은 수도권으로 정했는데 불자인 친구가 천일기도를 올리는 사찰로 주지 스님과도 인연이 깊은 곳이어서 남양주 수락산 흥국사로 정했다. 우리나라 사찰은 동일한 명칭을 가진 경우가 많아서인지 이를 구별하는 수단은 대개 산의 이름을 앞에 붙여 구분한다. 우리나라에는 3개의 대표적인 흥국사가 있다. 남양주 수락산 흥국사, 고양 흥국사 그리고 여수 영축산 흥국사다. 흥국사 취재를 가기로 친구와 약속하고 흥국사를 내비게이션으로 검색해서 무턱대고 도착해보니 고양 흥국사였다. 다음에 다시 오기로 하고 다시 차를 돌려 시간 약속에 늦은 적이 있다. 수도권 제1순환도로 별내 인터체인지에서 나오면 수락산 자락에 세월의 흐름을 말해주듯 단청이 켜켜이 바랜 아름다운 사찰을 쉽게 찾을 수 있었다.

남양주 수락산 자락에 위치한 흥국사는 신라 진평왕때 원광 법사가 창건하여 '수락사'라 하였으며, 조선 선조 재위 시절 이 절에 부친인 덕흥 대원군의 원당을 짓고 편액을 하사하여 '흥덕사'로 개칭하였는데, 민간에서 덕절이라고 부르는 이유도 이 원당 때문이다. 인조 재위때 지금의 '흥국사'로 개명하였다. 조선화승 흔적 가득한 왕실 원찰인 흥국사는 멋드러진 영산전의 조형미가 뛰어나고 약사여래불의 영험이 있어 무병장수를 기원하는 기도처로도 유명하다.

처음 찾은 남양주 흥국사는 계절적으로 여름이었는데 절 마당에 호박벌과 나비가 춤을 추는 백일홍 꽃밭에 흥국사라 문양을 만든 주지 스님의 부지런함을 느낄 수 있었다. 첫 인상대로 과연 흥국사는 아담한 터에 자리 잡은 사찰 이미지였고 입구에서 바라본 아름다운 자태를 뽐내는 영산전의 고색창연한 목조건축의 멋과 나란히 세워진 대웅전의 모습을 보며 순간 숨이 멎었다.

사찰 뒤편의 크고 멋진 아름드리 나무들이 고건축과 어우러져 펜화로 담기에 출중한 조형미가 빼어났다. 보는 순간 펜으로 담을 구도라고 생각했다. 두 건물 모두 똑같이 아름답고 단아하면서도 수려한 공포와 단청 등이 눈길을 사로잡았다. 최근 겨울에 다시 찾았을 때는 영산전의 단청 수리를 마쳐서 더욱 산뜻해 졌다. 펜으로 고찰의 느낌을 살리기 위해 베이지 빛의 염색한지를 채택했다.

작품 속의 대웅전은 다른 사찰과 달리 전각의 용마루에 용이 조각되어 있고 궁궐건축에서 볼 수 있는 잡상들이 사방을 지키고 있다. 경복궁이나 창덕궁을 가본 사람이라면 첫눈에 왕이 머무른 전각이라는 인상을 받는다.

아름다운 남양주 흥국사는 불사를 일으킨 지 천년이 넘는 유서 깊은 사찰이라 한다. 역사를 살펴보면 신라 진평왕 때 화랑도의 세속오계를 만든 것으로 널리 알려진 원광 법사가 창건한 것으로 전해진다. 자세한 내용을 알기 위해 주지 스님에게 물으니 조선 왕실의 원찰이었다고 한다.

조선 제14대 임금 선조가 그의 아버지 덕흥대원군의 묘를 흥국사 근처에 세우면서 아버지의 극락왕생을 기원하는 의미를 담아 흥국사를 중수한 후부터 흥국사가

조선 왕실의 사찰로서 역할을 수행했다고 한다. 조선시대에는 화승(畵僧)들이 모여 다양한 그림을 연마하는 장소로도 이름이 높다.

왕실 원찰 역할을 했다는 걸 확인하는 건 그리 어렵지 않다. 조선 고종의 아버지 흥선대원군이 직접 쓴 '흥국사'라는 대방의 편액과 '영산전'의 편액과 주련, '만월보전'의 주련 등에도 흔적이 남아 있다니 왕실의 사찰로서 역할이 오래 유지됐음이 확인된다.

▲ 흥국사 목어. Pen drawing on paper. 24×33cm. 편액 글씨가 바래버린 소박한 범종각 안에는 목어와 범종도 있고 운판도 있는데 목어 밑에 범종을 달아놓은 특이한 장면을 종이에 펜화로 담아 보았다.

주지 화암 스님은 코로나로 세상이 고통을 겪고 있는 시기에 '약사기도도량'으로서 만월보전에 백색으로 밝게 조성된 석불인 약사여래불을 모시고 매일 세상의 안전과 사람들의 건강을 기원한다고 한다. 또한 전해지는 이야기로 조선왕조를 세운 태조 임금이 병으로 약해지자 공주가 인근 사찰에 약사여래부처님을 조성해 정성기도 후 병이 낫고 그 후로도 많은 이들이 기도로 병을 고쳤다고 한다. 그러던 중 사라진 약사 부처님을 다시 찾아 흥국사로 모시게 됐다는 흥미로운 에피소드가 전해진다. 주지 스님은 이러한 다양한 사찰의 역사와 성보문화재를 데이타베이스하는데 주력하고 있어 여타 사찰에 모범을 보여주고 있다.

펜화 작업의 디테일 보완을 위해 여러 번 다시 찾았고, 이전 보다 세세하게 답사하다 보니 영산전 내부에는 용 두 마리가 마주 보고 있었고, 천정에는 두꺼비와 노는 동자상, 그리고 화려하게 장엄된 영산회상도를 세심하게 볼 수 있었다. 영산전의 외벽에 그려진 나한도, 반야용선도 등 다른 작품을 감상하며 처음에는 미처 살펴보지 못했던 것들이 보였다.

대웅전 내부에는 목조 삼존불 좌상의 불꽃 문양의 광배가 매우 화려해서 눈에 띄었다. 대웅전 외벽의 벽화는 목판에 벽화로 구성되어 있었는데 퇴색한 색조 속에서도 감상하는 즐거움이 있었다. 전경 펜화지만 벽화가 잘 보이는 펜화 구도를 택했다.

대웅전 우측의 계단을 따라 극락왕생을 발원하는 시왕전을 지나 보이는 약사불을 모신 '만월보전'은 육각형 모양의 전각으로 독특한 형태라서 이채롭다. 이 절은 '독성각'에 나반존자를 모시고 '단하각'에 산신을 모시는 특이한 곳이다. 단하각을 지나 사찰의 오른쪽 뒤편 언덕에 조성된 석탑이 있는 공간은 맑은 공기를 마시며 번뇌를 털어버리기에 모자람이 없다.

돌계단을 다시 내려가면 왼편에 새로 지은 나한전에 보물들을 보관하고 있다는데 잠겨 있어 안을 볼 수는 없었다. 나한전 맞은편에 편액 글씨가 바래버린 소박한 범종각 안에는 목어와 범종도 있고 운판도 있다. 다른 사찰에서는 목어 밑에 범종을 달아놓은 곳은 본 적이 없고 의외로 매력적인 모습이어서 특이하다 싶어 시선이 멈추었고 목어를 펜화로 담기로 했다.

대웅전 왼쪽 뒤산 언덕에는 부처님을 비롯한 많은 석상들이 모셔져 있는 걸 처음에는 모를 정도로 숨겨진 장소가 있다. 수행 정진하시는 스님들의 비밀 공간 같은 느낌이어서 매우 흥미로운데 여기서 바라보는 전각의 처마선이 참 아름답게 느껴진다. 겨울이 오면 눈 덮인 수락산의 풍광 속에 묻힌 흥국사를 다시 찾아와야 겠다.

23편

부안 능가산 내소사

▲ 내소사 설경 Pen drawing on paper, 53×38cm, 내소사 초입의 수령이 약 1000년이 된 느티나무는 높이가 20m나 되는 거대한 나무로 상징성이 크다. 겨울날에 만난 느티나무는 잔설이 내려앉은 가지들이 하늘로 뻗어 부단한 생명력을 보여주는 모습이었고 옆에 고려시대 동종을 보관하기 위해 세운 보종각이 어우러진 모습을 종이에 펜으로 담았다.

스물세 번째 말사 기행은 남쪽으로 정하고 변산반도의 내소사를 취재하기로 하고 지난해 겨울에 찾았다. 전라북도 부안의 내소사는 멋스런 꽃살문과 백의관음 미소 만나는 곳으로 전나무 숲길에서 뿜어 나오는 피톤치드는 치유의 향기를 담은 능가산 자락에 천년의 세월을 견딘 느티나무와 아름다운 대웅전이 멋스러운 가람이다. 이번 가을에 간다면 아름다운 단풍의 극치를 볼 수 있을 텐데 아쉽다. 입구의 전나무 숲길은 내소사 일주문에서 천왕문까지 500m가량 이어지는데 명소 중의 하나이다. 숲길 조성 기원을 들어보니 임진왜란 때 피해를 입은 사찰을 복구하면서 사찰 입구에 운치를 더하기 위하여 조성된 것이 지금에 이른다고 한다.

수백여 그루의 전나무가 하늘 높이 솟아오른 산책길로는 '한국의 아름다운 길' 100선에 선정될 만큼 멋진 산책길이기도 하다. 그늘로 된 산책길이기 때문에 누구나 여유롭게 걷기 좋아 가벼운 산책과 건강을 위해 찾는 곳이기도 하며 사진을 찍기도 좋다. 드라마 대장금의 촬영 장소로도 유명해졌는데 한국의 아름다운 5대 사찰로 내소사가 꼽힌 것도 숲과 어울리는 조화로룸이 한몫을 한 것으로 보인다. 전나무 숲길에 8–9월이면 상사화가 만개하여 장관을 이룬다.

천왕문을 들어서면 수령이 약 1000년이 된 느티나무가 보인다. 이 느티나무는 높이가 20m나 되고 둘레 7.5m에 달하는 거대한 나무로 그 위용이 대단하고 절을 대표하는 나무로서 손색이 없다. 눈 온 겨울날에 만난 느티나무는 잔설이 내려앉은 가지들이 하늘로 뻗어 부단한 생명력을 보여주는 모습 그대로였다. 나무 좌측에는 보종각이 있는데 범종각과는 별도로 고려시대 동종을 보관하기 위해 세운 것이다.

이 종은 원래 고려 고종 때 변산 청림사에서 만든 종이라 한다. 이후 1850년 땅속에서 발굴된 뒤 이 절로 옮겨진 후 보물로 관리되는 소중한 예술품이다. 느티나무와 보종각, 우측의 설선당, 그리고 능가산이 펼쳐지는 배경의 구도를 보는 순간 마음을 정하고 펜화에 담아 보았다.

봉래루는 절의 삼문 중 마지막 문으로 내소사의 불이문 역할을 하고 있는데 속세와 구별되는 부처님의 세계로 들어선다는 것을 의미한다. 봉래루는 조선 초기 남원 실상사지에있던 누각을 옮겨 현재 산문으로 사용하고 있다. 나무의 투박한 질감이 느껴지는 이 건물의 단청은 퇴색했지만 오히려 고고한 멋이 풍긴다. 느티나무 우측의 설선당은 맞배지붕 구조로 조선 인조 때 스님들의 공부 장소로 건축된 것이라 하는데, 지금도 스님과 일반 신도들의 수행 공간으로 사용되고 있다. 커다란 무쇠솥이 걸려 있는 모습이 많은 수행자들이 거처했음을 짐작케 한다.

내소사는 대한불교 조계종 제24교구 본사인 선운사의 말사이다. 백제 무왕 때 혜구 두타 스님이 창건해 '소래사(蘇來寺)'라고 하였다고 하는데 소래사가 내소사로 바뀐 것은 당나라의 소정방이 석포리에 상륙한 뒤, 이 절을 찾아와서 군중재(軍中財)를 시주하였는데 이를 기념하기 위해서 고쳐 불렀다고 전하나 근거는 없는 듯하다.

당시 소래사는 2개의 사찰로 이루어져 있었는데, 대소래사는 불에 타 소실되었고, 소소래사가 남아 현재의 내소사가 되었다고 전한다.

이 절의 가장 아름다운 건축물은 단연 대웅보전인데 조선 인조 때 청민선사가 중건한 이후 보수를 거쳐 오늘날로 이어진 보물로 지정된 귀한 문화재이다. 건축기법이 매우 정교한데 조선 중기에 만들어진 목조 건축물로 수려한 처마 곡선이 일품이

▲ 대웅보전 Pen drawing on paper, 53×38cm, 조선 인조 때 청민 선사가 중건한 대웅전은 보물로 건축기법이 매우 정교하고 수려한 처마 곡선이 일품이다. 대웅보전의 편액도 명필 이광사의 필치여서 한결 멋스러운 대웅보전을 종이에 펜으로 담았다.

다. 대웅보전의 편액도 명필 이광사의 필치여서 한결 멋스럽다. 법당 안에는 목조 삼존불 좌상을 모시고 있는데 최근 개금불사를 통해 화려한 금빛으로 장엄되었다. 대들보의 머리에는 용이 목어를 물고 있는 모습은 신기하다.

대웅전의 정면 꽃살문이 특히 아름다운데 정교하게 조각한 꽃살 창호로 연꽃, 국화 등의 꽃문양이 정교하게 새겨져 있어 선조들의 섬세함을 엿볼 수 있다. 우리나라 장식 무늬의 최고 수준으로 평가받을 만하다는 생각이 든다. 대웅보전 앞에는 부처님의 사리를 모시는 삼층 석탑이 자리하고 있는데 신라시대 탑의 양식을 그대로 보여준다. 마당 중심에 위치한 탑과 대웅보전의 아름다운 모습을 펜화로 담기에 부족함이 없었으나 대웅보전만 담기로 했다.

법당 내부의 뒤쪽으로 돌아가면 벽면에 그려진 바위에 앉아 있는 백의를 입은 관세음보살상이 눈을 사로잡는다. 백색의 천의는 중생의 소원을 들어주는 관세음보살의 특징을 잘 잡아낸 것으로 우리나라에 남아 있는 후불벽화로는 가장 규모가 큰 것이라 한다. 커서 사진으로 담기에 어려울 정도이다. 관음보살과 눈을 마주치고 바라보면 보살님도 눈을 마주하고 바라보신다.

전설에 의하면 이 건물은 호랑이가 화현한 대호 선사가 지었다고 하고 벽화는 관세음보살의 화현인 황금빛 날개를 가진 새가 그렸다고 한다. 그때의 일화가 지금도 전하고 있는 것도 그만큼 놀라운 솜씨로 만들어졌기 때문일 것이다. 또한 법당 내부 천정에는 그리다만 비어있는 곳이 있다. 단청이 끝나기 전 100일 동안은 아무도 보지 말라는 말과 함께 단청을 하고 있는데 동자승이 참지를 못하고 궁금하여 문을

열고 보았더니 황금새가 그리던 것을 멈추고 날아갔다고 한다. 그래서 지금도 그 곳의 단청이 비어있다는 전설이 전해진다.

사찰 입구에서 가까운 부속 암자 지장암은 신라시대 고승 진표율사가 창건한 은적암의 옛터로, 진표율사가 이곳에서 3년 기도하여 지장보살의 현신 수기를 얻은 곳이라 전해지는데, 아담한 도량이지만 깊고 맑은 기운이 감도는 아름다운 곳이다. 전란이나 화마를 피해 잘 보존된 사찰 기행을 통해 절의 역사도 음미하고 불심도 깊어진 느낌이다. 이 가을에 다시 들러 변산 트레킹 코스에 어우러진 상사화와 뒤로 펼쳐진 채석강 위로 펼쳐지는 저녁노을도 함께 만끽해 보고 싶다.

▲ 석굴암 본존불 28×38㎝ 한지.

2부

삼보사찰(三寶寺刹) 기행

24편

불보종찰 양산 영축산 통도사

▲ 통도사 입구 전경 Pen drawing on paper, 38×28cm, 통도사는 천변을 따라 길게 전각이 배치되었는데 길 옆에서 보이는 소나무 들이 아름다운 자태를 뽐낸다.

말사기행을 마치고 삼보사찰 기행과 함께 본사 사찰기행을 시작했다. 우선 가장 큰 삼보사찰부터 취재를 시작하기로 하고 제일 먼저 불보사찰인 통도사를 목적지로 정했다.

친구 부부와 부산 여행을 계획하고 통도사를 같이 취재하기로 하였는데 여의치 않아 우리 부부만 통도사 취재길에 나섰다.

경상남도 양산의 영축산 자락에 부처님의 진신사리를 모신 금강계단이 있어 삼보사찰 중 불보종찰로 불리는 조계종 15교구 본사 통도사는 길쭉한 가람배치가 특이하고 부속 암자가 아름다운 곳, 7대총림 중의 하나인 '영축총림'이다.

우리나라에서 제일 큰 3대 사찰답게 초입부터 늘어진 소나무들의 정취가 예사롭지 않다. 산문을 지나 드러나는 일주문이 내방객을 맞이한다. 통도사는 걸어 들어가는 '무풍한송로' 가 가장 아름다운 곳으로 선정될 정도로 관광명소인데 울창한 소나무들이 장관을 이룬다.

소나무가 우거진 이곳의 풍광은 통도사의 멋이기도 하고 한국을 대표하는 아름다운 절이라는 표현을 공감하게 만든다.

현존하는 일주문의 '영축산 통도사' 현판은 대원군의 필적이며, 기둥 좌우의 '불지종가 국지대찰(佛之宗家 國之大刹)'이라는 주련은 근대 명필가 김규진의 글씨이다. 현판을 보고 있자면 가운데 글자인 '도'는 길을 뜻하는 '道(도)'가 아니라 법을 뜻하는 '度(도)'를 사용한다는 것을 알게 된다. 그러니 '통도'는 일반 중생들 지레짐작의 '길이

▲ 통도사 대웅전 Pen drawing on paper, 53×38cm, 대웅전은 각면마다 각기 다른 현판이 달려 있는데 금강계단, 대방광전, 적멸보궁이라는 현판을 달고 있다. 대웅전 뒤의 금강계단에는 진신사리가 모셔진 적멸보궁으로 불상이 모셔져 있지 않다. 종이에 펜으로 본 법당의 전경을 담아 보았다.

통한다'라는 의미보다는 '결국 승려가 되고자 하는 자가 해탈의 경지에 이르고 싶다'라는 출가 발원을 되짚는 말이다. 이곳을 통해야 승려가 된다 하여 통도사라 불리었다 한다

이 절이 위치한 산의 모습이 석가모니가 설법하던 인도 마가다국 왕사성에 있는 영축산의 모습과 비슷하다 하여 산의 이름 또한 '영축산'이라 붙였다고 한다. 사찰의 역사를 살펴보면 선덕여왕때 자장율사가 창건한 것으로 전해진다. 진골 귀족 출신으로 태어나 부모를 여읜 뒤 출가하여, 멀리 당나라에 유학하여 금란가사와 석가

모니의 사리 100과를 가지고 귀국하여 이곳에 봉안하므로서 부처님의 진신사리가 있어 불보 사찰로 불린다.

이에 자장 율사는 통도사를 세우고 계단(戒壇)을 만들어 사방에서 오는 사람들을 받아들였다. 통도사 계단에는 당나라에서 가져온 석가모니의 진신사리를 봉안하니 제1 적멸보궁의 위상을 가지고 있다. 금강계단에 진짜 부처인 진신사리가 안치되어 있으므로 대웅전에는 부처의 모형인 불상을 만들지 않았다.

흔히들 계단이라 하여 '오르내리는' 용도를 생각하기 십상이지만 통도사 금강계단(金剛戒壇)의 '계단'은 승려가 '계를 받는 제단'을 의미한다. 즉 부처님 진신사리가 봉안된 장소에서 '금처럼 굳센 계율을 새로이 승려가 되는 사람이 수계를 받는 제단'이라는 뜻으로 대웅전의 또 다른 이름이기도 하다. 불가에서 금강계단은 승려가 되는 과정 중 가장 중요한 수계의식이 이루어지는 곳이다. 부처가 항상 그곳에 있다는 상징성을 띠고 있는 것이다.

우리나라의 전통적인 금강계단 양식인데 가운데에 종 모양의 석조물을 설치하여 사리를 보관하고 있다. 1층 기단 안쪽 면에는 천인상을 조각하고 바깥쪽 면은 불법을 지키는 수호신인 제석의 모습을 조각하였다.

조선 중기의 대표적 건축인 대웅전과 진신사리를 담고 있는 금강계단은 각각 건축 구조와 건축사 연구, 계단이 가지고 있는 그 의미에서 국보로 지정되었다. 통도사 법당 대웅전은 지붕이 앞면을 향해 T자형을 이룬 특이한 구성을 갖추고 있어 무척이나 특이하다. 하나의 법당이지만 방향에 따라 다른 이름을 품고 있다. 동쪽 방향으로 법당에 들어가면 대웅전이 되고, 남쪽으로 올라서면 금강계단이라 부르며, 서쪽으로는 대방광전의 이름으로, 북쪽은 적멸보궁의 현판을 걸고 있다. 지금 건물은 임진왜란 때 불에 탄 것을 조선 인조때 다시 지은 것이다. 참배객은 금강계단 입구에서 출입이 안된다. 멀리서 바라보며 기도드리는 불자들의 모습이 보인다. 대웅전 내부에는 불상 대신 거대하고 화려한 불단이 조각되어 있을 뿐이다. 이와 같은 근본적 의미는 계단에 부처의 사리를 봉안하고 있다는 신앙 때문이다. 그리고 목조 건물의 천장에 새겨진 국화와 모란꽃의 문양과 불단에 새겨진 조각은 놀라움을 금치 못하게 한다. 대웅전의 금강계단 현판이 보이는 위치에서 대표적인 건축물을 펜화로 담아 보았다.

대웅전 옆의 연못은 구룡신지로 불리는데 통도사 창건에 얽힌 이야기가 남아 있

▲ 양산 통도사 봉발탑이 있는 풍경, pen drawing on 한지, 70×40cm, 전각들 사이로 다른 사찰에서는 볼 수 없는 부처님께 공양을 올리는 '봉발탑'이 있는데 고려시대의 것이라 한다. 고색 창연한 전각들 사이에 위치한 탑을 염색한지에 펜으로 담았다.

다. 자장이 당나라에서 수행할 때 문수보살이 진신사리와 가사를 주면서 신라 영축산의 독룡 아홉 마리가 살고 있는 연못을 메워 금강계단을 세우고 봉안하라고 알려주었다한다. 자장이 여덟 마리의 용은 쫓아 보냈으나, 마지막 남은 용이 연못에 남아 터를 지키고 싶어하여 연못 일부를 메우지 않고 남겨둔 것이 지금의 구룡지라는 전설이다. 현재도 금강계단 옆에는 구룡신지의 자그마한 상징적 못에 비단잉어들이 한가로이 노닐고 있었다.

그림 속에서 대웅전의 저편에 '봉발탑'이 보이는데 고려시대의 것으로 받침 부분에 바리때를 얹은 독특한 형태로 부처의 의발이 미륵보살에게 이어질 것이라는 상징하는 조형물이라 한다.

통도사는 오른쪽에는 영축산이 위치하고 왼쪽에는 계곡이 위치하다 보니 사찰 부지의 폭이 좁아 자연스런 배치가 된 듯하다. 전통적 가람배치는 남북으로 일직선상에 금당과 탑이 놓이는 게 정석이지만, 통도사는 산과 계곡 사이의 이런 좁고 긴 부지 때문에 그대로 적용할 수 없었다고 한다. 그래서 남북의 축을 유지하면서 동서로 길게 확장된 특이한 가람배치를 하고 있다. 통도사는 하로전, 중로전, 상로전으로 나뉜 상중하 방식이 특징인데, 창건 당시부터 이렇게 건립되었다고 한다. 하로전의 크기가 제일 크고, 그 다음이 중로전, 상로전으로 갈수록 크기가 작아지며 부처님의 진리에 닿고자 한다는 의미가 있다고 생각된다. 상로전은 불이문을 지난 후 나타나는 금강계단과 대웅전을 비롯하여 응진전, 명부전, 삼성각, 산신각, 일로향각으로 구성된다. 중로전은 천왕문이후 배치된 건물들로 관음전, 용화전, 대광명전, 장경각, 해장보각, 황화각, 감로당, 원통방, 화엄전, 전향각 등을 들 수 있다. 하로전은 일주문 이후 드러나는 건물들로 영산전, 극락전, 약사전, 만세루, 영각, 범종각 등이 있다. 이러한 배치 방식은 하로전 일대의 건물군이 가장 짜임새 있게 배치되었음을 말하는 것이고, 동시에 이곳 일대의 법당들의 중요성을 드러낸 것이다. 그 중심 건물은 영산전인데 건축물의 수려함이 어느 법당에 비할 바가 안될 정도의 멋스러움이 있다.

건물들은 조선 중기 이후 것이지만 금강계단 상부의 석종형부도를 비롯하여 극락전 앞의 삼층석탑, 배례석, 봉발탑, 그리고 국장생석표 등은 모두 고려시대에 속하는 유물들로 세월의 멋이 느껴지는 것들이다. 국화 화분 네 개를 사서 가족의 소원을 발원하며 소원지를 정성스럽게 써서 걸어 놓았다. 봄에는 홍매(지장매)의 개화를 담기 위해 많은 예술가들이 찾는 곳이라 하니 매화필 때 다시 오리라 다짐하며 아름다운 절 통도사를 나섰다.

다시 올 때는 특히 산내 암자인 보타암, 취운암, 수도암, 서운암, 사명암,옥련암, 백련암 코스의 암자 순례길과 안양암, 자장암, 서축암, 반야암,극락암,비로암의 암자는 하나같이 멋진 곳이라 하니 맘먹고 올라 보리라 다짐한다. 도자기 대장경을 보관중인 '서운암'과 전각과 조경이 아름다운 '사명암'은 반드시 둘러볼 계획이다.

Kimyoosik

25편

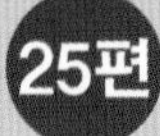

법보종찰 합천 가야산 해인사

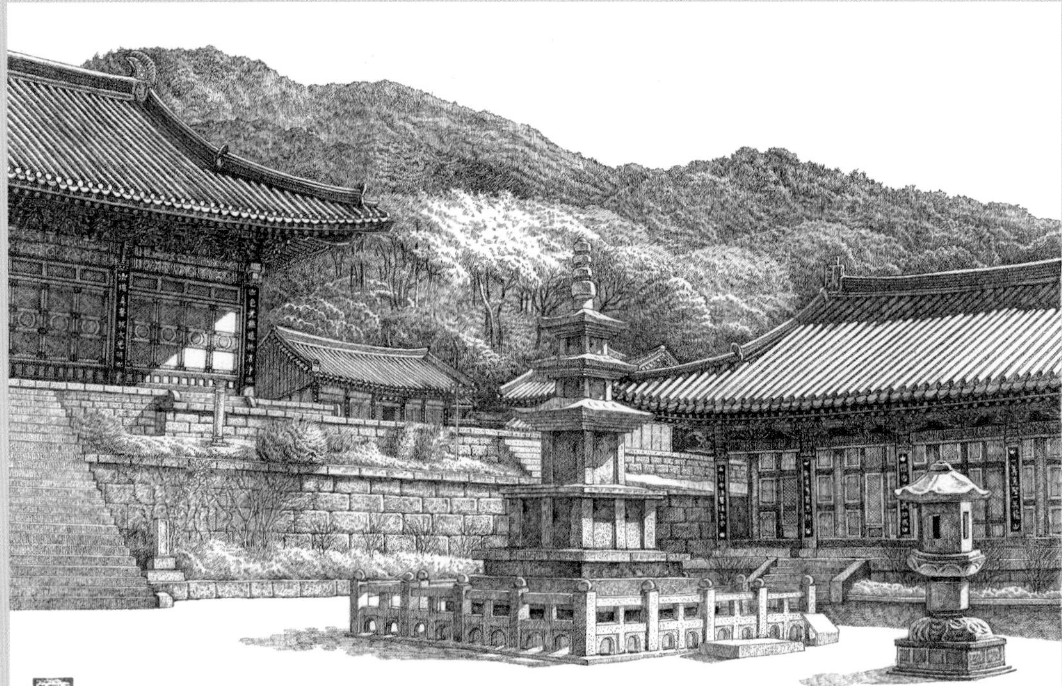

▲ 해인사 대적광전과 정중탑 pen drawing on Paper, 53×41cm, 통일신라시대 5층석탑 정중탑과 석등을 넣고 높은 석축위에 세워진 비로자나불을 모신 본법당 대적광전을 종이에 펜으로 담았다.

본사 사찰 기행중 가장 큰 삼보 사찰부터 취재를 하기로 하고 불보사찰 통도사에 이어 법보사찰인 해인사를 목적지로 정했다. 유네스코 문화기록유산 팔만대장경을 보존하고 있는 조계종 12교구 본사 해인사는 우리나라 3대 사찰로 7대 총림의 하나인 '해인총림'으로 불리는 곳으로 합천의 가야산 자락에 있다. 해인사 가는 길은 고속도로를 이용할 경우 광주-대구 고속도로 해인사IC가 가장 가깝다. 하지만 수도권, 충청권, 경상북도 서부권의 경우 중부내륙 고속도로 성주 IC를 이용하면 쉽다.

해인사 일주문에는 '가야산 해인사'라는 현판을 달고 있는데 다른 사찰에 비해 주변 경치와 잘 어울려서 전국의 일주문 가운데에서도 가장 운치가 뛰어난 일주문으로 생각된다. 보통 사찰의 경우 일주문을 새롭게 만든 것이 많지만 세조때 중수한 것으로 고색이 창연하여 내력이 깊은 문이다.

일주문을 지나면 봉황문이 나오고 다시 해탈문을 직선축으로 하여 본법당까지 이어진다. 보제루와 같은 기능을 가진 구광루를 지나면 본 법당의 마당에 도달하는데 본 법당의 앞에는 '정중탑'으로 불리는 삼층석탑이 자리한다. 전형적인 통일신라시대 석탑의 형식이다. 1926년 탑을 수리하면서 기단을 하나 더 쌓아 원형을 잃은 모습이어서 아쉽게도 국보가 되지는 않았지만 오랜 세월 석재의 마모와 이끼낀 모습에서 위엄은 여전하다. 본 법당 마당의 좌우로 궁현당과 관음전이 자리한다. 절마당에서 정중탑과 대적광전 본 법당이 보이는 구도를 택해 펜화로 옮겼다.

해인사는 대한불교 조계종 제12교구 본사로 150여 개의 소속 사찰을 거느리고 있는 대찰이다. 이 해인사는 팔만대장경을 보유하고 있어 법보사찰이라고도 한다. 불교의 3가지 보물인 삼보는 부처님(불보), 부처님의 법(법보), 스님(승보)를 일컬음이다.

사찰의 유래를 살펴보면 802년 통일신라 애장왕때 순응과 이정이 왕비의 병을 낫게 해주어서, 애장왕의 지원으로 창건을 했다고 알려진다. 해인사라는 명칭도 화엄종 사찰이라는 의미의 화엄경의 '해인삼매'에서 인용된 것이다. 또 사찰과 관련있는 인물은 신라의 마지막 여왕 진성여왕인데 종내혼을 해오던 왕실이어서 삼촌인 각간 위홍과 부부가 되었고, 위홍이 죽자 해인사에 원당을 만들어 추모했다. 이 원당이 지금의 '원당암'이다. 지금은 대비로전에 두분을 추모해 만든 쌍둥이 비로자나불이 함께 모셔져 있다.

해인사 중심 법당인 대적광전은 순조 때 다시 지은 것을 1971년 대폭 수리한 것이다. 앞면 5칸 · 옆면 4칸 규모의 위엄있는 팔작지붕 집이다. 본 법당도 통도사처럼 네개의 현판을 걸고 있고(대적광전, 법보전, 금강계단, 대광명전) 내부에는 중앙의 비로자나불을 중심으로 좌우에 문수보살과 보현보살을 모시고 있다.

대적광전 뒤편으로 가면 가파른 돌계단 위에 '팔만대장경'이란 편액이 걸려 있는 출입문을 들어서야만 국보로 지정된 장경판전 건물에 들어갈 수 있다. 담장으로 둘러싸인 이 곳은 불행히도 지금은 출입은 안 된다. 출입이 허락되더라도 내부 사진 촬영도 금지되어 있으니 밖에서 눈으로만 둘러볼 수 밖에 없었다.

해인사에는 유네스코 세계문화유산이 2개나 있다. 하나는 국보이자 세계기록 유

▲ 해인사 팔만대장경을 보관한 장경각 내부 pen drawing on Paper, 28×38cm, 대장경 경판 보존을 위해 습도와 통풍을 통제하는 과학적 구조로 700년간 무사히 보존해온 놀라운 문화유산 장경각 내부를 햇살 들어오는 날의 풍경을 종이에 펜으로 그린 작품이다.

산인 고려재조대장경(팔만대장경, 초조대장경은 소실되었음)이고, 세계문화유산으로 지정된 장경판전이 있다. 팔만대장경을 보관 중인 장경판전은 모두 네 동으로 구성되어 있는데 법보전과 수다라장에는 대장경이 봉안되어 있으며 이 두 건물을 잇는 작은 두 동의 건물, 즉 동사간전과 서사간전에는 사간판(寺刊版, 절에서 만든 판각)이 보관되어 있다. 그리고 종모양으로 파여진 판전 입구의 문은 매년 춘분과 추분 오후 3시쯤 태양 빛에 의해 판전 통로에 연꽃의 그림자를 만드는데 선조들의 미학적인 아이디어에 감복하는 순간이다.

장경판전은 팔만대장경을 오랫동안 보존하기 위해 세심하게 과학적인 설계를 한 것으로 유명하며 기둥 숫자도 108개를 세워 번뇌를 상징한다니 참으로 많은 고려가 있었던 것 같다. 목판 보관의 절대적인 요건인 습도와 통풍이 자연적으로 조절되도록 지어졌다는 점이 두드러진다. 장경판전의 터에는 마사토, 소금과 숯 그리고 횟가루를 넣으므로서 방충은 물론 여름철의 장마기에는 배수를 원활히 하도록 했다니 지혜가 돋보인다. 무엇보다 대단한 것은 습도가 자연적으로 조절되도록 하여 바람의 순환이 잘 되도록 설계하여 대장경판의 부식을 막아주는데 비밀이 있는 듯하다. 창은 모두 격자창 모양인데 앞쪽 창은 아래 창이 위 창보다 세배로 크게 하였고 뒤쪽의 창은 그 반대꼴을 이루고 있어 공기가 강제 대류하도록 하여 공기 이동시 습기를 배출하는 아주 과학적인 통풍 방법이다. 직사광선이 닿지 않도록 창호지를 붙인 창과 경판과의 거리를 두어 직사광선을 피하도록 한 점도 상당히 과학적이다. 한국에 현존하는 가장 오래된 도서관이기도 한데 프랑스에서는 세계에서 일곱

번째로 아름다운 도서관 건축에 해인사 장경각을 꼽기도 했다하니 세계가 인정하고 있는 것이다.

흔히 해인사와 팔만대장경의 제작 연도가 비슷할 거라고 생각하는 사람들이 많지만, 시대적으로 차이가 많다. 본래 대장경은 강화도에 보관하던 것을 조선 세조 때에 장경판을 해인사로 옮기고 장경각을 짓기 시작했다. 해인사라는 사찰 자체는 신라 시대에 지어졌고, 팔만대장경은 고려 시대에 편찬이 됐지만, 이를 보관하는 해인사 장경판전 건물은 조선 시대에 지어졌다. 놀라운 것은 초기에 지은 모습 그대로 잘 관리되고 있다는 점에서 대단한 유산임에 틀림없다. 화재에 대비하여 소방차를 운영하고 있어 놀라웠다.

경판의 내용을 살펴보면 석가모니 부처님의 평생의 설법을 수록한 경전과 불교 승려들에 대한 계율 및 이에 대한 후대 고승들의 평론, 주석, 이론 강의들을 모아 집대성한 것이다. 해인사 장경판전은 13세기에 제작된 고려 팔만대장경이 현재까지 7백여 년간 큰 손상 없이 8만여 장(정확히는 81,352매, 자수로는 5200만자, 경전 6천권 분량) 전체가 무사히 전해지는 데 가장 큰 역할을 한 일등 공신이다. 그리고 왜란과 호란, 그리고 전쟁에도 무사히 지켜온 것은 각별한 노력이 있었기에 가능했던 것으로 보인다.

한국전쟁 당시 완전히 소실될 뻔한 사건이 있었는데 지리산일대 빨치산 소탕 명령을 받은 김영환 공군 대령(후에 장군 진급)이 폭격지점이 해인사임을 알고 폭격 금지 명령을 내림과 동시에 기관총 사격만으로 빨치산들을 퇴치하는데 성공하였고 그 결과 민족의 유산인 해인사와 팔만대장경을 지켜낼 수 있었음에 존경심이 우러난다. 절의 입구에 장군의 공덕비가 세워져 있다.

해인사에는 조계종 종정을 지내신 성철 스님의 일화가 남아 있다. 대구 팔공산 파계사 성전암에서 10년 동안 눕지 않고 앉아서만 수행을 하신 것으로 잘 알려져 있는데 열반 시기에 장좌불와를 긴 기간 수행했다고 한다. 현재 성철 스님보다 오래 장좌불와를 했다는 기록은 보이지 않는다. 1967년 해인총림 초대 방장으로 취임하신 후 조계종에서 종정으로 모실려고 노력했지만, 무려 81번을 사양했다는 일화는 유명하다. 이후 6대와 7대 종정을 역임하면서 세상에 알려지셨고 절을 3천배 한 사람에게만 잠깐 접견을 허용했을 정도로 만나기 힘든 분이었다고 한다. '산은 산이요, 물은 물이다'라는 법어로 유명하지만 이 법어를 이해하기에는 사대 부중은 깨달음이 턱없이 부족하다.

◀ 성철스님, pen drawing on paper, 24×33cm

이 밖에도 해인총림 방장, 조계종 원로회의 의장 등을 거쳐 조계종 제10대 종정을 지내신 혜암스님이 계셨는데 "공부하다 죽어라."라는 말로 유명하다고 한다. 사찰의 뒤편에 신라의 대문장가 최치원이 말년을 보낸 곳이라 하여 조성한 '학사대'라는 곳이 있다. 전나무 지팡이가 새순이 돋아 고목이 되었다고 여겨지는데 태풍으로 고사하자 그 자리에 쉼터를 만든 곳이다. 장경각 뒤편 언덕 높은 곳에 8각 9층탑을 재현한 '수미정상탑'이 보이는데 그곳에 올라서면 가야산 자락에 안긴 사찰 전체의 풍광이 내려 사찰에 해인도(海印圖)가 조성되어 있어 합장하고 일심으로 한바퀴 돌게 되면 무량한 공덕을 성취하게 된다 한다. 해인도는 의상 대사가 화엄경의 가르침을 도상으로 형상화 한 것으로 바라밀에 대한 자세한 설명도 곁들여 공부가 된다.

사찰의 규모가 커서 축선과는 벗어난 곳을 둘러보니 아미타 여래를 모신 극락전도 보이고, 극락전 뒤편에는 스님들의 수행 공간인 선원(소림원)이 있는데 개방되지 않는 장소이다. 장경각의 왼편으로 가보니 계율을 가르치는 '해인율원'이 있어 자장율사의 정신을 잇는 사찰임을 느끼게 해준다. 여기저기 들어갈 수 없는 곳이 많다. 다음에 간다면 해인사 스님을 잘 아는 분의 안내를 받아 꼼꼼히 둘러 보고 가야산 소리길을 따라 부속암자 여행을 해보고 싶다.

26편

승보종찰 순천 조계산 송광사

▲ 임경당과 육감정 및 우화각 pen drawing on Paper, 56×38cm 일주문 지나 나타나는 다리 삼청교에 세워진 우화각, 그리고 다리를 두개 물에 담그고 있는 육감정이 계곡에 비추는 모습은 송광사의 최고로 멋진 장소로 종이에 펜으로 담았다.

삼보사찰 기행으로 이번에는 승보사찰 순천의 송광사로 정했다. 송광사를 가기 위해 호남고속도로 주암 나들목으로 나와서 18번 국도를 따라 약 15분 정도가 걸리니 절의 산문이 보인다. 만약 전라남도 서남부권에서 송광사에 오려면 남해고속도로 벌교 나들목으로 나와서 15번 국도(조계산로)를 타고 가는 방법도 있다고 한다. 순천 선암사에서 '천리불심길'을 따라 조계산을 넘어 송광사로 가는 방법도 있다.

조계종 창시자 보조국사 지눌이 '정혜결사'를 통해 가르침을 펼친 곳 제 21교구 본사 송광사는 우리나라 3대 사찰로 조계산 자락에 있으며, 승보종찰로서 7대 총림의 하나인 '조계총림'으로 불린다.

절의 초입에서 '송광사 불일문'이라는 커다란 산문을 지나 주차 후 올라가는 길에 나타나는 청량각은 송광사가 자리 잡은 조계산의 계곡물이 동구에서 굽이치는 지점의 깊숙한 계곡에 홍교(극락교)를 쌓아 올려 그 위에 조성된 누각으로 누구나 잠시 쉬어가는 정자이다. 청량각에서 500m 정도 물소리를 들으며 오르다 보면 보조국사가 스스로 불멸을 입증하기 위하여 심었다는 '고향수'가 있다. 높이 15m의 이 고목은 보조국사가 다시 송광사를 예방할 때 소생한다는 전설이 얽혀 있다. 금방 일주문이 보이는데 다포계 양식의 공포로 장식된 일주문은 조선 후기에 건립된 것으로 현판이 종서로 씌어 있어 특이하다. 일주문 앞에는 송광사의 역대 고승 및 공덕주의 비석들이 있다.

일주문 지나 계곡을 왼편으로 두고 능허교(삼청교)가 보이고, 이 위에 우화각이라는 무지개다리 위에 세운 누각이 있다. 이곳에는 예로부터 송광사를 거쳐간 시인 · 묵객들이 지은 한시가 걸려 있다. 송광사의 본찰로 들어가는 입구인 삼청교와 우화각 이야말로 송광사에서 가장 아름다운 곳이다. 육감정과 연이어지며 구성된 사찰 진입 공간은 여느 사찰에서는 볼 수 없는 세련된 미가 돋보이는 장소다. 펜으로 담기에 부족함이 없는 곳. 삼청교 홍예의 맨위에 매달린 멍에석은 돌다리를 무너지지 않게 중심을 잡고 사한 기운을 막는 척사의 역할도 한다 하니 살펴보는 재미도 있다. 보수하는 데 쓰라고 동전도 매달아 놨는데 이건 선암사 승선교와도 같은 의미인 것 같다. 육감정은 임경당이라는 큰 건물의 대청마루의 기능이고 '육감정'이라는 편액과 '삼청선각'이라는 두 개의 편액을 달았다. 육감정이란 정자에서 물에 비치는 6가지 자연(하늘. 해. 달. 별. 구름. 바람)을 느끼라는 의미이고, 삼청은 도교적 관점에서 말하는 신선의 나라를 의미한다. 능허란 비움마저도 넘어서라는 초월의 의미이고 우화란 새의 날개처럼 선계를 나른다는 도가의 용어이기도 하다. 붙여진 이름마다 의미를 되새기니 건물들이 새롭게 느껴진다.

우화각을 지나면 천왕문이 나오는데 보물급 사천왕상이 있는 사찰은 아주 드물다고 한다. 앞에서 바라본 사천왕상은 인자하고 친근하게 느껴진다. 이어서 맞배지붕을 한 종고루의 1층이 절의 진입 통로가 된다. 종고루를 지나면 큰 규모의 대웅보전이 '아(亞)'자 형태의 독특한 지붕을 하고 있어 눈길을 끈다. 전쟁 중 소실되고 새로 지은 것이지만 공포 사이에 화려한 다포식에 팔작지붕의 현대식 전통 건축의 걸작이라 한다. 궁궐처럼 3도를 내고 사자상 난간석을 두어 위엄을 보이고 큰 대웅전의 웅장미가 그득하다. 대웅전에는 삼세불(미륵불, 석가모니불, 연등불)좌상과 네 분의 보살 입상을 모시고 있다.

신라 말 혜린 선사가 송광산에 '길상사'라는 이름으로 창건한 것이 시초이다. 고려 신종 때 조계종의 창시자인 보조국사 지눌이 정혜결사(무신정권이 선종을 후원하자 사치하게 됨을 개탄하고 승려 본분으로 돌아가자는 결의)를 주창하고 이 곳으로 들어와 '수선사'로 이름을 고치고 가르침을 베풀기 시작하였다. 송광사는 3보 사찰로도 꼽히는데, 통도사는 불보(진신사리), 해인사는 법보(팔만대장경), 송광사는 승보(16국사 배출), 사찰이기 때문이다. 뛰어난 승려를 많이 배출한 곳으로 여러 고승들이 나왔다. 지눌의 제자 혜심이 중창한 뒤부터 조선 초기까지 많은 국사를 배출하였는데 이 절에서 배출한 국사는 지눌을 비롯해 16명이나 되어 한국 불교의 전통을 이은 중요한 승

▲ 송광사 대웅전 38×28㎝ pen drawing on Paper.

보종찰이라 한다. 말사 길상사를 창건하고 부속암자 불일암에서 기거하신 법정 스님의 다비식도 이곳에서 거행했다.

또한 예로부터 조계산에 소나무가 가득했기 때문에 이곳 사람들이 이 산을 솔메라고 부른 것에서 '송광산'이라는 이름이 유래하였으며, 산 이름을 따서 사찰 이름도 송광사라 불렀다는데 산 이름이 조계산으로 바뀌면서 절 이름도 수선사에서 지금의 송광사로 바뀌었다.

▲ 부속 암자 천자암의 쌍향수, Pen drawing on paper, 74×56cm 지눌 선사가 금나라의 왕비를 기도로 낳게 하고 금나라 태자를 제자로 받아들여 고국으로 같이 돌아올 때 가져온 곱향나무 지팡이가 싹이 돋아나 800년이 되었다 한다. 천연기념물로 지정된 송광사의 3대 명물이 되었다. 우리나라에서 가장 오래된 향나무 노거수의 모습을 종이에 펜으로 담았다.

왜란 이후 소실과 중건을 거듭하였으나 이후 한국 전쟁으로 사찰의 중심 전각들이 또 다시 불타게 되었다. 다시 재건하여 현재는 50채의 전각이 있다. 전체 면적과 전각의 수가 전국에서 압도적으로 큰 절이다. 다만 큰 절임에도 불구하고 탑이 없다는 점이 특이하다. 풍경과 석탑, 석등이 없기 때문에 송광사에는 3가지가 없다는 이야기가 있다. 풍경이 없는 이유는 바람에 흔들리는 풍경 소리가 스님들의 공부에 방해가 되기 때문이라 하는데 아예 없는 것은 아니다. 석탑과 석등이 없는 이유는 송광사 터가 연꽃 중심이어서 무거운 석탑을 세우면 가라 앉는다는 의미 때문에 세우지 않았다고 한다.

송광사에 있는 명물중 '비사리구시'라고 불리는 커다란 나무 밥통, '능견난사' 라고 하는 음식을 담는 그릇들, '쌍향수'라는 향나무는 둘러 보아야 한다. 좀 멀리 떨러진 산내 암자 천자암에는 똑같은 모양의 굽향나무 2그루가 엿가락처럼 꼬여 가지가 모두 땅을 향하고 있다. 800년 전에 보조국사 지눌이 꽂은 지팡이로부터 자랐다고 하는데 우리나라에서 가장 오랜된 향나무로 멋진 모습에 반해 펜으로 공력을 담아 그려 보았다.

지금의 대웅전을 짓기 전 3칸짜리 대웅전 건물을 옆에 옮겨지어 '승보전'으로 사용하고 있는데 승보사찰의 특징을 살려 석가모니불 뒤로 1,250명의 스님 상을 모시고 있다. 대부분의 전각에 주련이 없는 것이 특징이다. 설익은 지식을 경계한다는 의미란다. 계율을 중시하다 보니 없는 것도 많다.

대웅전 맞은편에 지장전이 있고 지장전 우측에 영산전과 약사전이 있는데 약사전은 앞면 1칸, 옆면 1칸으로 현존하는 불교 건물 중 가장 작은 규모의 전각으로 이렇게 작은 건물은 정말 처음 본다. 약사여래께 다가서기에 주저함이 없도록 편안함을 주려 했던 것 같다. 국사전은 고려시대에 지어진 국보 건물로 16분의 스님 영정을 모셔왔으나 1995년에 도둑이 들어 영정들이 대부분 도난을 당해 아직 찾지 못했으며 나머지 세분 영정만 남아 성보박물관으로 옮겼다 한다. 불행히도 수행공간인 상사당, 하사당, 나한전, 설법전 지역은 미개방지역으로 출입이 안된다.

▲ 불일암의 법정 스님 의자 Pen drawing on paper, 38×28cm 스님이 직접 제작하신 의자로 철사로 매어 만든 의자에서 마저 그분의 무소유 정신이 묻어 나온다.

관음전은 고종황제의 장수를 기원하는 의미로 '성수전'이라고도 하였는데 현재는 관세음보살좌상이 봉안돼 있다. 위패를 모시고 조례를 거행했던 곳인지라 하단에 해와 달을 그려넣어 일월오봉도를 연상시키는 그림도 보이고 벽면에는 탱화가 아닌 문신도, 화조도, 산수화로 그득하다. 관세음보살상은 이후에 봉안한 것임을 알 수 있다.

관음전 뒤편 높은 지역에 보조국사 감로탑이 원형 그대로 보존되어 있는데 이곳에서는 송광사 전체가 내려다보인다. 소담스러운 숲길을 따라 40분 정도 무소유길을 걷노라면 길가에 조리대가 무성히 심어져있다. 대나무 숲길을 따라 오르면 무수한 전나무와 소나무숲에 있는 아늑한 '불일암'을 만난다. 법정스님의 의자를 보며 무소유에 대해 사색하는 시간을 가져본다.

▲ 불비사리구시 38×28㎝ pen drawing on Paper.

"삶은 소유가 아니라 순간 순간의 있음이다. 영원한 것이 어디 있는가 모두가 한때일 뿐 그러나 그 한때를 최선을 다해 최대한으로 살 수 있어야 한다. 삶은 놀라운 신비요 아름다움이다"

그분의 말씀을 되뇌이며 매순간 충실히 사는 삶에 대해 각오를 다져보는 시간이었다.

Kimyoosik

세상은 우연의 연속이지만 그 우연은 인연법에 따라 다 연유가 있었던게 아닐까 하는 생각이 스친다. 평생을 일과 그림으로 살다가 펜화를 권하는 분을 알게 되었고, 펜화를 그리는 재미에 푹 빠져 살다가 친구 불자들을 만나면서 불교 사찰 펜화를 그리게 되니 그것이 인연이 되어 달력 공모전에 나가게 되고 "선 그리고 사찰"이라는 제목의 펜화 작품이 달력으로 전국에 배포되는 영광이 있었다. 우연히 불교 신문사의 편집국장과도 인연이 되어 자연스럽게 신문연재를 제의받았다. 신명나게 전국 여기저기 사찰을 취재하러 다녔고 때론 가족들도 함께 했다. 그림 그리며 기행하는 것은 정말 신나고 보람찬 일이었다. 게다가 신문에 기사가 나오면 더

뿌듯했다. 열심히 그리다 보니 사찰 펜화 작품도 쌓여 "선 그리고 사찰" 이라는 부제로 인사동 전시를 하게 되었고 또 다시 책 출판 제의를 받고 다시 또 작업을 하게 되고…

책으로 엮어 출간을 결심한 이후 내용의 충실도를 기해야 한다는 압박감에 몸이 부서져라 독자의 이해를 돕기 위한 작품 컷을 추가하는데 요즘 모든 시간을 보냈다. 그리고 이 책이 포교에 도움이 될 수 있었으면 하는 바람이며, 가능하다면 수익금의 일부를 불사하고자 한다.

졸고를 마치고 나니 아쉬움이 많다. 더 많은 컷과 기행문의 심도를 높이지 못한 것 같아 부끄럽다는 생각마저 든다. 지면상의 제약으로 이미 작업해 놓은 사찰 작품을 더 소개할 수 없음을 안타깝게 생각하며 추가로 전국의 명찰들을 더 취재하여 조속한 시일내로 2권을 선보이겠다는 약속을 드리며 또 다시 작업실로 발걸음을 재촉한다.

▲ 취재중 하동칠불사 보설루에서 2022년9월~11월까지 열린 만만전(卍卍展)을 통해 예술과 불교가 만나는 전시에서 사찰펜화를 선보인 일은 가장 보람찬 행사였다.